Lourenço Filho
e literatura infantil
e juvenil

FUNDAÇÃO EDITORA DA UNESP

Presidente do Conselho Curador
Herman Jacobus Cornelis Voorwald

Diretor-Presidente
José Castilho Marques Neto

Editor Executivo
Jézio Hernani Bomfim Gutierre

Conselho Editorial Acadêmico
Alberto Tsuyoshi Ikeda
Áureo Busetto
Célia Aparecida Ferreira Tolentino
Eda Maria Góes
Elisabete Maniglia
Elisabeth Criscuolo Urbinati
Ildeberto Muniz de Almeida
Maria de Lourdes Ortiz Gandini Baldan
Nilson Ghirardello
Vicente Pleitez

Editores Assistentes
Anderson Nobara
Fabiana Mioto
Jorge Pereira Filho

ESTELA NATALINA MANTOVANI
BERTOLETTI

LOURENÇO FILHO
E LITERATURA INFANTIL
E JUVENIL

© 2012 Editora UNESP

Direitos de publicação reservados à:
Fundação Editora da UNESP (FEU)
Praça da Sé, 108
01001-900 – São Paulo – SP
Tel.: (0xx11) 3242-7171
Fax: (0xx11) 3242-7172
www.editoraunesp.com.br
feu@editora.unesp.br

CIP – Brasil. Catalogação na fonte
Sindicato Nacional dos Editores de Livros, RJ

B462L

Bertoletti, Estela Natalina Mantovani
Lourenço Filho e literatura infantil e juvenil / Estela Natalina Mantovani Bertoletti. São Paulo: Editora Unesp, 2012.

Inclui bibliografia
ISBN 978-85-393-0374-8

1. Lourenço Filho, Manuel Bergstrom, 1897-1970 – Crítica e interpretação. 2. Literatura infantojuvenil – História e crítica I. Título.

12-9348   CDD: 808.899282
CDU: 82-93

Este livro é publicado pelo projeto Edição de Textos de Docentes e Pós-Graduados da UNESP – Pró-Reitoria de Pós-Graduação da UNESP (PROPG) / Fundação Editora da UNESP (FEU)

Editora afiliada:

Asociación de Editoriales Universitarias
de América Latina y el Caribe

Associação Brasileira de
Editoras Universitárias

Para meus amados pais,
Maria Elza Mantovani (in memoriam)
e Waldomiro Mantovani,
pelo exemplo, pelo amor e por me
ensinarem o significado de "família".

Para Erivelton, Eduardo e Enzo.

SUMÁRIO

Introdução (as margens do texto)   9

1   Lourenço Filho e a produção
    sobre e *de* literatura infantil e juvenil   15

2   A produção de Lourenço Filho
    sobre literatura infantil e juvenil   85

3   A produção de Lourenço Filho
    de literatura infantil – a Série Histórias do Tio Damião   123

4   A produção de Lourenço Filho *sobre* e *de* literatura infantil e
    juvenil: as possíveis relações estabelecidas   169

Considerações finais   183
Referências bibliográficas   187

INTRODUÇÃO
(AS MARGENS DO TEXTO)

No Brasil, a literatura infantil e juvenil estabeleceu desde sua gênese, entre o fim do século XIX e o início do XX, uma estreita relação com a escola, seja por ser produzida e criticada sobretudo por professores brasileiros, surgindo no ambiente escolar; seja por ser produzida para atender a necessidades escolares e educativas, com a finalidade de proporcionar ensino útil de modo agradável à criança, ser em formação; seja por submeter-se ao processo de escolarização de aprendizagem da leitura.[1] Tal vinculação histórica, ao contrário do recorrentemente apontado, como "problema de origem" e impasse desse gênero, é constitutiva da literatura infantil e juvenil brasileira e não a causa de seus males (Arroyo, 1968), e aponta para o reconhecimento da necessidade de "atitude interdisciplinar" nos estudos *sobre* o gênero, com utilização "de métodos e procedimentos advindos da crítica e teoria literárias, especialmente, assim como da pesquisa em educação" (Mortatti, 2000b, p. 16), dado o caráter simultâneo literário e didático da literatura infantil e juvenil (ibidem),

---

1 Todos os estudos que tratam e/ou se referem ao histórico da literatura infantil e juvenil brasileira constatam a relação apontada. A esse respeito, ver, dentre outros: Lourenço Filho (1943); Arroyo (1968); Lajolo e Zilberman (1984); Zilberman e Lajolo (1986); Coelho (1981); Magnani (1989); Serra (1997).

10 ESTELA NATALINA MANTOVANI BERTOLETTI

que implica reconhecer que os termos *literatura* e *infantil* não se encontram em relação de oposição, mas de complementaridade, embora indiquem hierarquização semântica constitutiva de sua natureza: substantivamente *literatura*, cujo atributo qualificativo é *infantil*. Nesse sentido, o impasse recorrentemente apontado em relação tanto à produção *de* quanto à produção *sobre* literatura infantil torna-se falso e pouco produtivo... (ibidem, p.13-14)

porque não assegura a especificidade e identidade do gênero e não contribui para o avanço e alargamento do campo de conhecimento da literatura infantil e juvenil e para a produção necessária de uma história, teoria e crítica específicas da literatura infantil e juvenil brasileiras (ibidem).

Desse ponto de vista, o termo "literatura" remete a um conceito fluido que se altera com o tempo em que é gerado, não podendo ser definido objetivamente, pois de tempos em tempos, por certas pessoas em situações específicas, por diferentes razões, critérios, objetivos, certos textos são produzidos e/ou lidos como literários (Eagleton, 1997). Assim, pode-se considerar que o fenômeno literário é historicamente analisável, de acordo com seu "funcionamento", que compreende as condições de emergência dos textos, as condições de aprendizagem da língua e da leitura, as diferentes instâncias legitimadoras e a imagem implícita e pressuposta de leitor e de leitura, estando em constante transformação (Magnani, 1989).

Assim como os termos "infantil" e "juvenil" remetem a concepções de infância e adolescência, respectivamente, que são fatos sociais, vivos e dinâmicos; não eternos nem tampouco imutáveis. A literatura é infantil e juvenil sobretudo pela produção, difusão, circulação, premiação dos livros desse gênero, assim como, dentre outras, as opções temáticas e formais constitutivas dos livros dirigidos à criança e/ou ao jovem que não se desvinculam da representação que a sociedade em sua época faz da infância e da adolescência. Trata-se, portanto, de se conjugar no gênero, como desafia Perrotti (1986), a "literariedade" ao público previsto. Por isso, compreendo como literatura infantil

LOURENÇO FILHO E LITERATURA INFANTIL E JUVENIL   11

um conjunto de textos – escritos por adultos e lidos por crianças – que foram paulatinamente sendo denominados como tal, em razão de certas características sedimentadas historicamente, por meio, entre outros, da expansão de um mercado editorial específico e de certas instâncias normatizadoras, como a escola e academia. (Mortatti, 2000b)

É a partir dessas reflexões que se assenta a proposta de investigação contida neste livro. Apresentado inicialmente como tese de doutorado[2] junto ao Programa de Pós-Graduação em Educação, na Unesp de Marília, vinculada ao Grupo de Pesquisa "História do Ensino de Língua e Literatura no Brasil" (GPHELLB)[3] e ao Projeto Integrado de Pesquisa "Ensino de língua e literatura no Brasil: repertório documental republicano" (PIPELLB)[4], este livro tem como objetivo contribuir para a produção de uma história, teoria e crítica específicas da literatura infantil e juvenil, a partir da compreensão da produção de Manoel Bergström Lourenço Filho (1897-1970) *sobre* e *de* literatura infantil e juvenil publicada entre 1942 e 1968, assim como compreensão da relação entre essa produção e o lugar ocupado por seu autor no âmbito da história da literatura infantil e juvenil brasileiras.

---

2 A tese intitulada *A produção de Lourenço Filho sobre e de literatura infantil e juvenil (1942-1968)*: fundação de uma tradição foi defendida em fevereiro de 2006 e orientada pela professora Dra. Maria do Rosário Longo Mortatti.

3 O GPHELLB, coordenado pela Prof. Dra. Maria do Rosário Longo Mortatti, do qual sou membro, entrou em atividade em 1994 e permanece em funcionamento até os dias atuais, estando cadastrado no Diretório dos Grupos de Pesquisa do Brasil (CNPq) e certificado pela Unesp.

4 O PIPELLB (apoio e auxílio financeiro CNPq; auxílio Fapesp), do qual fui membro da equipe executora, foi desenvolvido entre agosto de 1999 e julho de 2003 e derivado das atividades do GPHELLB. Teve como objetivo geral organizar, ampliar, sistematizar e divulgar, por meio impresso e eletrônico, uma obra de referência, com caráter de repertório de fontes documentais produzidas entre as últimas décadas do século XIX e os dias atuais, relativa às suas cinco linhas de pesquisa: 1. Formação de Professores de Língua e Literatura; 2. Alfabetização; 3. Ensino de Língua Portuguesa; 4. Ensino de Literatura; e 5. Literatura Infantil e Juvenil. A obra de referência resultante das atividades desse projeto contém um total de 2.025 referências distribuídas entre suas cinco linhas de pesquisa e encontra-se disponível no acervo do GPHELLB.

12 ESTELA NATALINA MANTOVANI BERTOLETTI

Os livros para crianças produzidos por Lourenço Filho vêm tradicionalmente oscilando entre literatura escolar e literatura infantil, o que tem legitimado um quase-silêncio em relação à sua produção *sobre* e *de* literatura infantil e juvenil, excetuando-se referências esparsas em livros sobre história da literatura infantil e juvenil. No entanto, a leitura avultou-se como preocupação fundamental na obra de Lourenço Filho, na qual a literatura infantil e juvenil destaca-se em sua produção escrita pela quantidade e variedade. Além disso, em sua atuação profissional nesse âmbito, Lourenço Filho exerceu significativa influência sobre escritores do gênero em sua época, sobretudo pela atuação direta e indireta do escritor na constituição desse gênero no Brasil.

Desse modo, a meu ver, Lourenço Filho funda uma tradição[5] característica de determinada época e que serve de referência a seus pósteros, influenciando sobremaneira a produção *sobre* e *do* gênero até os dias atuais.

Além disso, há uma quase total ausência de estudos e pesquisas sobre a literatura infantil e juvenil produzida e tematizada após o "fenômeno Lobato" até o *boom* de 1970. Raras, também, com exceção dos panoramas históricos do gênero, são abordagens de fundo histórico da literatura infantil e juvenil – como a que proponho – que não visam ao julgamento de valor, nem à assunção do ponto de vista investigado, nem à exorcização do passado, ou seja, que visam compreender – para explicar – as tematizações e concretizações[6] em relação à literatura infantil e juvenil, produzidas por um sujeito de outra época.

---

5 A expressão "funda uma tradição" foi inspirada em Magnani (1997b) e Mortatti (2000a) que a utilizou em relação à alfabetização. No caso deste livro, apliquei-a à produção de Lourenço Filho sobre e de literatura infantil e juvenil, atribuindo-lhe também o sentido empregado pela autora, como o de desvencilhar do passado e se propor como novo, visando impor-se como legado histórico a seus pósteros.

6 O uso dos termos "tematizações" e "concretizações" e suas variações foram inspiradas em Mortatti (2000a), que os utilizou em relação ao conteúdo, finalidades e forma de veiculação de documentos relativos à alfabetização. Neste livro, adaptei-os aos documentos relativos à literatura infantil e juvenil, e as "tematizações" referem-se a capítulo de livro, artigos, conferências, separatas, periódicos, crítica literária, "recepção de acadêmico", introdução, apresentação e prefácios a livros *de* e *sobre* literatura infantil, manuscritos e correspondências; e as "concretizações", referem-se a livros de literatura infantil e juvenil.

LOURENÇO FILHO E LITERATURA INFANTIL E JUVENIL   13

Tal abordagem está centrada em pesquisa documental e bibliográfica, desenvolvida mediante procedimentos de localização, recuperação,
reunião, seleção e ordenação da produção de Lourenço Filho *sobre* e *de*
literatura infantil e juvenil e da bibliografia especializada sobre Lourenço Filho, sua obra, sua formação e sua atuação profissional, assim
como sobre literatura infantil e juvenil e sobre aspectos educacionais,
culturais, sociais e políticos do momento histórico em que Lourenço
Filho tematizou e concretizou a produção tema deste livro.

Esses procedimentos possibilitam a reunião de um conjunto de
elementos que se organizam e se entrelaçam, permitindo a análise da
configuração textual[7] da produção de Lourenço Filho. A análise incide
sobre os *temas* e *conteúdos* dos textos escolhidos, identificando-se os
princípios que norteiam o pensamento do autor em sua produção *sobre*
e *do* gênero, diretamente relacionados à *estrutura* e *forma* dos textos, que
organizam essas temáticas e conteúdos, visando obter determinados
efeitos nos *leitores previstos* para seus textos. Tenho como proposição
a compreensão das articulações da linguagem literária e suas "inter-
-ações" com os demais elementos da configuração textual que envol-
vem o *lugar histórico-social* em que está inserida a produção do autor
sobre e *de* literatura infantil e juvenil e temas correlatos, considerando
sua atuação e formação profissional e a hipótese de que, movido por
certas *necessidades* e *propósitos*, funda uma tradição, tematizada e
concretizada em sua produção *sobre* e *do* gênero.

Este livro foi organizado em quatro capítulos. No capítulo 1, apresento a produção de Lourenço Filho *sobre* e *de* literatura infantil e juvenil em relação à sua obra e sua época. No capítulo 2, analiso a produção
de Lourenço Filho *sobre* literatura infantil e juvenil, especialmente
tematizada nos textos "Como aperfeiçoar a literatura infantil", "O valor das bibliotecas infantis", "Literatura infantil e juvenil", "Inquérito
sôbre livros para crianças", "Oração do acadêmico Lourenço Filho"
e "Um livro básico sobre literatura infantil". No capítulo 3, analiso a
produção de Lourenço Filho *de* literatura infantil, especialmente con-

---

7 Essa expressão foi cunhada por Maria do Rosário Longo Mortatti, especialmente
   explicitada em: Magnani (1997) e Mortatti (2000a).

cretizada na Série Histórias do Tio Damião.[8] No capítulo 4, analiso as possíveis relações entre essa produção e o lugar ocupado por seu autor no âmbito da história da literatura infantil e juvenil brasileira. Após os capítulos, seguem-se considerações finais e referências, relação das instituições e acervos consultados.

Na citação dos originais, dadas as características da pesquisa de fundo histórico, busquei conservar a ortografia de época, sempre que possível. É necessário observar, no entanto, que, muitas vezes, essa ortografia não se apresenta uniforme, talvez por problemas tipográficos; de qualquer maneira, reproduzi-a conforme se apresentava nos documentos analisados.

Na apresentação dos documentos, dada a dificuldade de acesso, apresentei-os mediante descrição e, sempre que possível, mediante cópia do material, visando proporcionar ao leitor condições mais adequadas de compreensão da produção de Lourenço Filho *sobre* e *de* literatura infantil e juvenil, porém, por motivos técnicos, todas imagens estão reproduzidas em preto e branco.

---

8 A Série Histórias do Tio Damião é composta por 12 títulos, a saber: *Totó, Baianinha, Tão pequenino...*, *Saci-Pererê, O indiozinho, A irmã do indiozinho, A Gauchita, A formiguinha, No circo, Maria do Céu, E eu, também...* Neste livro, no entanto, analiso-a em seus 11 primeiros, excetuando-se *E eu, também...*, uma vez que, apesar de todos os esforços, não foi localizado nenhum exemplar deste, o que não prejudica a análise, pois todos os livros mantém um mesmo projeto gráfico e "literário" como se poderá verificar no referido capítulo.

1
LOURENÇO FILHO E A PRODUÇÃO *SOBRE* E *DE* LITERATURA INFANTIL E JUVENIL

A formação e atuação de Lourenço Filho

Manoel Bergstrõm Lourenço Filho nasceu em 10 de março de 1897, na então vila de Porto Ferreira (SP). Seus primeiros contatos com a literatura vieram pela tradição oral, como o próprio Lourenço Filho atesta em entrevista à revista *Formação*, em 1940.

Meu avô possuía uma cultura acima da mediana. Na sua bagagem de imigrado trazia algumas dezenas de livros e um violino que tocava com maestria. Na pequenina cidade, onde foi fixar-se, inquietava-o a falta de uma escola primária. E, assim, embora não dominasse ainda de modo perfeito a língua do país, reunia, aos domingos, as crianças da vizinhança e procurava ensinar-lhes a leitura. *Lembro-me de ter aos seis anos tomado parte nesses amáveis exercícios, que meu avô entremeiava com a narrativa das "sangas" de sua terra e de suaves canções suecas ao violino...* (Lourenço Filho, 1940a, p.6, grifos meus)

Depois dessa "primeira escola", o acesso formal à leitura e à escrita veio, primeiramente, de aulas particulares, ministradas por um antigo escrivão de fazenda "que perdera o emprego e a quem aconselharam abrisse uma 'escola', a três mil réis mensais por cabeça" (ibidem, p.6) e, depois, em uma aula municipal, regida por mestre leigo. Após poucos meses, Lourenço Filho passou para uma escola estadual, então recentemente criada, regida pelo professor diplomado Ernesto Alves Moreira. Mais tarde, prosseguiu seus estudos primários na cidade vizinha, Santa Rita do Passa Quatro, com este último professor, a quem Lourenço Filho atribuiu grande influência por sua opção pelo magistério (ibidem).

A passagem do aluno Lourenço Filho da aula municipal para a escola estadual, como se pode inferir por seu depoimento, parece estar ligada a uma de suas primeiras produções escritas: o jornalzinho *O Pião*, do qual Lourenço Filho, aos oito anos e quatro meses, era "chefe", "único redator" e "typographo", e que pretendia ser "Orgam critico, dedicado aos alumnos das escolas d'esta villa" (Lourenço Filho, 1905, s.p.).

> O professor estadual abriu a sua escola já nos meiados do ano e, sabendo que a aula municipal estava superlotada, foi ao nosso mestre e pediu os alunos excedentes. "Dê-me mesmo os piores, disse êle, em voz alta. Hei de arranjar-me com esses mesmos, de qualquer geito." [...] Mal se havia êle retirado, o nosso velho mestre se dirigiu a nós, de maneira solene e disse que, naquele mesmo dia, queria se ver livre dos "maus elementos". Pagaríamos com o novo mestre tudo quanto tínhamos feito até ali! E começou a escolha. O primeiro a ser destacado foi um rapaz de dezesseis anos, forte, desabusado, que mal andava no primeiro livro de Felisberto de Carvalho. O terceiro fui eu. "O *senhor*, também! Ponha-se ali na fila para não andar mais com histórias de jornalzinho!..." Eu tinha oito para nove anos, uma prodigiosa imaginação, que não se compadecia com os problemas de aritmética que o nosso mestre nos dava, sobre côvados, varas e canadas... Meu pai havia instalado uma tipografia, anexa à sua casa comercial e me permitira imprimir um jornalzinho, a que o meu mestre atribuía o meu desinteresse pela *contas*... De seu julgamento, não tenho dúvida: era dos piores alunos em sua escola. (Lourenço Filho, 1940a, p.7, grifos do autor)

Os estudos de Lourenço Filho prosseguiram com todas as dificuldades de um aluno pobre até obter o diploma de normalista, em 1914, na Escola Normal Primária de Pirassununga (SP). No ano seguinte, passou a exercer o magistério em Porto Ferreira, no Grupo Escolar,

LOURENÇO FILHO E LITERATURA INFANTIL E JUVENIL 17

então recentemente criado, onde conheceu e manteve amizade com os professores Sud Menucci[1] e Tales de Andrade[2] (Monarcha; Lourenço Filho, 2001). Lourenço Filho (1940a, p.9) sentia, entretanto, que, embora amasse sua profissão, sua "cultura era muito deficiente mesmo para ensinar crianças". Por isso, em 1916, mudou-se para a cidade de São Paulo, a fim de cursar a Escola Normal Secundária na Escola Normal da Praça da República, cujo curso concluiu no ano seguinte. Já havia sido aluno de Antonio de Almeida Junior[3] na Escola Normal Primária de Pirassununga; na Normal Secundária de São Paulo foi aluno de Oscar Thompson[4] e Antonio de Sampaio Dória[5] (Monarcha; Lourenço Filho, 2001). Nessa época, a opção pelo magistério se consolidou em Lourenço Filho pela influência especialmente desse último professor,[6] como se pode verificar no depoimento que segue:

1 Sud Menucci iniciou sua carreira no magistério em 1910, atuando como professor em Porto Ferreira ao retornar da missão paulista que reorganizou as Escolas de Aprendizes Marinheiros de Belém/PA. Além de educador, Sud Menucci foi jornalista e escritor, atuando como redator e crítico literário no jornal *O Estado de S. Paulo*, de 1925 a 1931. A esse respeito, ver, especialmente, Vicentini; Lugli (1999).

2 Tales Castanho de Andrade iniciou o magistério em escola rural isolada no bairro do Baranhão, em Jaú/SP, atuando depois no Grupo Escolar de Porto Ferreira e na Escola Normal de Piracicaba. Nessa cidade colaborou com as revistas *Cigarra*, *Vida Moderna* e *Revista de Educação*. Foi um dos precursores da literatura infantil brasileira com a publicação de *Saudade*, em 1919. A esse respeito, ver, especialmente: Salem (1970); Coelho (1984).

3 Antonio de Almeida Junior foi professor de francês na Escola Normal Primário, de Pirassununga, de 1911 a 1914. Sobre esse educador, ver, especialmente: Gandini (1999).

4 Além de professor, Oscar Thompson foi diretor efetivo da Escola Normal da Praça de 1901 a 1920 e diretor-geral da Instrução Pública de 1909 a 1911 e, depois, de 1917 a 1920. A esse respeito ver, especialmente, Monarcha (1999).

5 Antonio de Sampaio Dória ingressou na Escola Normal da Praça em 1914, assumindo a cátedra de Métodos e Processos de Ensino, Crítica Pedagógica e Exercícios de Ensino. A esse respeito, ver, especialmente, Carvalho (1999); Monarcha (1999).

6 Lourenço Filho aderiu às proposições de Antonio de Sampaio Dória, não somente como professor, mas também como reformador da educação. A esse respeito ver, especialmente, Carvalho (1999).

18 ESTELA NATALINA MANTOVANI BERTOLETTI

Na Escola Normal Secundária de São Paulo, defrontei professores como Oscar Thompson e Antonio de Sampaio Dória. Este, sobretudo, ensinando psicologia e pedagogia, exercia grande influência sobre os alunos. Eu conhecia Compayré e Rayot... As doutrinas e técnicas modernas eu as havia entrevisto apenas por um livro de Farias de Vasconcelos. Sampaio Dória nos apresentava William James, Clàparede, Van Biervliet, Ribot, Parker... E não era só a matéria: era o método. Sampaio Dória transformava todas as aulas em "seminário", com discussões, pesquisas, experiências. Comunicava, ademais, aos alunos, a convicção de que o Brasil só poderia ser construído pela educação. (Lourenço Filho, 1940a, p.10)

Em 1920, Lourenço Filho foi designado professor substituto de Pedagogia e Educação Cívica, na Escola Normal Primária, anexa à Escola Normal Secundária de São Paulo. Isso se deu porque o professor efetivo, Roldão Lopes de Barros, fora indicado para substituir Antonio de Sampaio Dória, na Escola Normal Secundária, enquanto Sampaio Dória estivesse exercendo a função de diretor-geral da Instrução Pública de São Paulo. No ano seguinte, Lourenço Filho foi nomeado professor de Psicologia e Pedagogia, da Escola Normal de Piracicaba (SP), quando fundou a *Revista de Educação*. Nesse mesmo ano, casou-se com a professora Aida de Carvalho, com quem teve dois filhos: Ruy (1925-) e Márcio (1930-1960).

No período de 1915 a 1921, Lourenço Filho teve seus primeiros escritos publicados; eram textos de cunho social, pedagógico e literário.[7] Esses textos foram o resultado da intensa atividade jornalística de Lourenço Filho, a qual lançou seu nome em nível nacional, mediante a divulgação de suas ideias modernas em relação ao seu tempo. Essa atividade jornalística também propiciou a Lourenço Filho o convívio com grandes redatores, repórteres e colaboradores de jornais, como Júlio

---

7 Segundo Lêda Lourenço (2001), nora de M. B. Lourenço Filho, a análise desses artigos permite identificar algumas ideias que refletem as preocupações educacionais, bem como o pensamento social e político da época em que foram escritos. As ideias presentes nesses primeiros textos, ainda segundo a autora, continuaram a ser trabalhadas nos escritos posteriores de Lourenço Filho e foram ora ampliadas, ora reformuladas, mas sempre estiveram relacionadas a seus primeiros textos. A esse respeito, ver, especialmente, Lourenço (2001).

LOURENÇO FILHO E LITERATURA INFANTIL E JUVENIL 19

Mesquita, Júlio Mesquita Filho, Nestor Rangel Pestana, Plínio Barreto e Monteiro Lobato (Monarcha; Lourenço Filho, 2001), realizando, na prática, um bom curso de jornalismo, que, à época, não existia.[8] Nesse período, colaborou com a revista *Vida Moderna* (São Paulo),[9] produzindo textos de literatura e de crítica literária, com a *Revista do Brasil* (São Paulo)[10] e com os jornais *Jornal do Commercio* (São Paulo), *O Commercio de S. Paulo* (São Paulo), *A Folha* (Porto Ferreira/SP), *Jornal de Piracicaba* (Piracicaba/SP), *O Estado de S. Paulo* (São Paulo), dentre outros, produzindo artigos de cunho político-pedagógico.

Na *Revista do Brasil*, tornou-se secretário de Monteiro Lobato, com quem passou a formar, juntamente com Fernando de Azevedo e Anísio Teixeira, o que Lobato chamou de uma "irmandade", com obrigações de ação e necessidade de se fazerem combativos (Lourenço Filho, 1929). A partir dessa época, Lourenço Filho demonstrou grande preocupação com a leitura e sua disseminação. A leitura tornou-se seu instrumento de trabalho, por isso se empenhou em tematizá-la em seus estudos e escritos, em normatizar seu ensino ao ocupar cargos administrativos e em concretizá-la em livros didáticos e de literatura infantil, resultando numa numerosa e variada produção.

Em 1922, Lourenço Filho foi convocado para ir ao Ceará, a fim de reorganizar o ensino público daquele Estado, onde permaneceu até dezembro de 1923. Viajando pelo interior do Ceará para recenseamento escolar, Lourenço Filho encontrou-se com o Padre Cícero Romão Batista, então prefeito de Juazeiro, cujo desinteresse e proibição

---

8 Almeida Junior (apud Lourenço Filho, 1997, p.40) atribui a essa intensa atividade jornalística de Lourenço Filho "vantagens preciosas para sua formação".

9 A revista *Vida Moderna*, antiga *Sportman*, oferecia uma leitura acessível, por meio de prosa e poesia, dos novos escritores que surgiam a cada dia, sendo o primeiro degrau para vários autores consagrados mais tarde. A esse respeito, ver, especialmente, Lima (1985).

10 A *Revista do Brasil*, fundada com o nome de *Cultura*, iniciou suas atividades em janeiro de 1916, sob a direção de Plínio Barreto, Júlio Mesquita e Alfredo Pujol. Em junho de 1918, passou a ser dirigida por Monteiro Lobato. Este último prestigiava autores estreantes como forma de protesto contra a situação da cultura brasileira, viciada, segundo ele, em modelos importados. A esse respeito, ver, especialmente, Lima (1985).

20 ESTELA NATALINA MANTOVANI BERTOLETTI

impediram o cadastro escolar em Juazeiro (Monarcha, 2001). Segundo Monarcha (2001), a realidade do sertão nordestino, a situação do sertanejo e a figura do Padre Cícero causaram impacto na "sensibilidade ilustrada" de Lourenço Filho, que, mais tarde, registrou essa experiência em dez artigos, publicados de novembro de 1925 a agosto de 1926, no jornal *O Estado de S. Paulo* e, depois, no livro: *Joaseiro do Pe. Cícero* (Lourenço Filho, 1926).

Ao retornar do Ceará, em 1924, Lourenço Filho voltou a Piracicaba e passou a desenvolver estudos em psicologia, aprofundados e expandidos no ano seguinte, em São Paulo, quando, como professor de Psicologia e Pedagogia, na Escola Normal Secundária,[11] realizou pesquisas referentes especialmente à hipótese de um nível de maturidade como pré-requisito indispensável para o aprendizado da leitura e da escrita, das quais derivou o livro *Testes ABC – para a verificação da maturidade necessária ao aprendizado da leitura e da escrita* (Lourenço Filho, 1934).[12]

Em 1926, respondeu a um inquérito sobre os problemas da instrução pública, promovido pelo jornal *O Estado de S. Paulo* e coordenado por Fernando de Azevedo.[13] Em sua resposta, Lourenço Filho (1957b, p.103) criticou a escola tradicional "individualista, verbalista, intelectualista e anarquisadora da mente e do caráter" e divulgou suas ideias "modernas" a respeito da escola primária, como escola nova inspirada em novos ideais.

Ainda em 1926, assumiu, em substituição a Arnaldo de Oliveira Barreto, a organização da coleção Biblioteca Infantil – primeira coleção de literatura infantil do Brasil – editada pela Companhia Melhoramentos de São Paulo.[14] E dois anos depois, preocupado com o ensino da

---

11 Sobre a atuação de Lourenço Filho na Escola Normal da Praça da República, na cidade de São Paulo, ver, especialmente, Monarcha (1999).

12 Análise da configuração textual desse livro de Lourenço Filho encontra-se em Magnani (1997) e Mortatti (2000a).

13 As respostas ao inquérito foram também publicadas em forma de livro, organizado por Fernando de Azevedo, sob o título *A educação na encruzilhada*, cuja primeira edição é de 1937.

14 Análise da revisão feita por Lourenço Filho de *O patinho feio*, de H. C. Andersen, na coleção Biblioteca Infantil, encontra-se em Menin (1999).

LOURENÇO FILHO E LITERATURA INFANTIL E JUVENIL 21

leitura e da escrita para as "massas", teve publicada *Cartilha do povo* – para ensinar a ler rapidamente,[15] cartilha destinada à alfabetização de crianças e adultos, publicada pela Companhia Melhoramentos de São Paulo e que alcançou mais de duas mil edições ao longo de sua trajetória editorial. Nessa editora, Lourenço Filho assumiu a tarefa de consultor editorial, emitindo pareceres sobre originais de livros para crianças: didáticos e de literatura infantil.

Em 1925 [a Companhia Melhoramentos de São Paulo] agregou uma das mais consolidadas reputações da Escola Nova, o professor Manoel Bergströn Lourenço Filho. [...]
Lourenço Filho aproximara-se da empresa chamado para renovar a Biblioteca Infantil, atualizando a linguagem, principalmente. Assumiu a tarefa de consultor editorial, emitindo pareceres sobre originais didáticos e para a infância. Ao longo de algumas décadas viria a emitir quase 30.000 pareceres.
Organizou (1927) a Biblioteca de Educação, com a finalidade de introduzir no país correntes de filosofia da educação elaboradas em outros centros de debates. Preparou os 35 títulos da Biblioteca, assinou traduções, adaptações e revisões de texto. Hasso Weiszflog, que acompanhou os trabalhos daquele educador, afirmou haver sido ele um "segundo ego da editora". Esta, outorgou-lhe, em 1987, o Prêmio Lourenço Filho aos seus autores mais distinguidos pela preferência do leitorado. [...]
Lourenço Filho editara a *Cartilha do Povo*. Fiel à proposta avançada no título, a cartilha alavancou durante mais de quarto de século os esforços oficiais, particulares, gremiais, religiosos e partidários no sentido da alfabetização massiva. Em 1990, a *Cartilha do Povo* superou 2.200 edições somando 20 milhões de exemplares. (Donato, 1990, p.87-8, grifos do autor)

Segundo Carvalho e Toledo (2004), como editor, Lourenço Filho assumiu uma posição de "gestor" de política de reforma escolar e de profissional engajado no movimento de renovação educacional brasileiro. Ainda conforme essas autoras, em relação à coleção Biblioteca de Educação, a "etiqueta Lourenço Filho" funcionava como depósito de legitimação

---

15 Análise da configuração textual dessa e de outra cartilha de Lourenço Filho encontra-se em Bertoletti (2006).

22 ESTELA NATALINA MANTOVANI BERTOLETTI

do empreendimento editorial, podendo mobilizar uma rede de autores para alimentar a coleção e divulgar essa publicação em outros espaços.

Em 1929, Lourenço Filho formou-se bacharel em Ciências Jurídicas e Sociais – curso iniciado antes de sua partida para o Ceará – pela Faculdade de Direito de São Paulo. Em 1930, foi nomeado diretor--geral da Instrução Pública do Estado de São Paulo. Nessa função, reorganizou a Diretoria, mudando-lhe a denominação para Diretoria--Geral do Ensino e fazendo-a compreender, dentre outros: a Biblioteca Pedagógica Central e o Museu da Criança.

Em 1932, foi um dos signatários do *Manifesto dos Pioneiros da Educação Nova* – marco do movimento escolanovista no Brasil –, no qual, segundo Azevedo (1963), busca-se dar sentido à política brasileira de educação. Nesse mesmo ano, com Anísio Teixeira e Fernando de Azevedo, na cidade do Rio de Janeiro, organizou o Instituto de Educação do Distrito Federal, onde permaneceu, como diretor, até 1937 e, como professor de Psicologia Educacional, até 1938, tendo sido transferido, em 1939, para a Universidade do Brasil, também no Distrito Federal. Em 1933, fundou e dirigiu os *Arquivos do Instituto de Educação*.

A partir de 1935, recebeu os primeiros convites para ministrar cursos em universidades e institutos culturais estrangeiros, mostra de que o prestígio e o respeito já alcançados por Lourenço Filho no Brasil extrapolavam nossas fronteiras e conquistavam novos espaços. Nos dois anos seguintes, foi presidente da Comissão Nacional de Literatura Infantil, órgão normatizador, ligado ao Ministério da Educação e Saúde, com o objetivo de organizar, delimitar e selecionar a literatura infantil produzida à época, em nosso país.

De agosto de 1938 a janeiro de 1943, Lourenço Filho organizou e dirigiu, no Rio de Janeiro, o Instituto Nacional de Estudos Pedagógicos (Inep), órgão de documentação e pesquisas no setor da educação; tendo fundado, em 1944, a *Revista Brasileira de Estudos Pedagógicos* (RBEP),[16] publicação vinculada a esse Instituto. Dentre as muitas atuações de Lourenço Filho junto a essa revista, como a de diretor e

16 Sobre a atuação de Lourenço Filho em relação à *Revista de Estudos Pedagógicos*, ver, especialmente, Gandini (1995).

LOURENÇO FILHO E LITERATURA INFANTIL E JUVENIL 23

redator de todos os editoriais de seus números de 1944 a 1952, interessa para os objetivos deste livro a sua orientação, como diretor da RBEP, na investigação acerca de jornais e revistas em quadrinhos para crianças e jovens, publicada de novembro de 1944 a fevereiro de 1945, nos números 5, 6, 7 e 8 da revista, sob o título "Uma investigação sobre jornais e revistas infantis e juvenis", a qual compreende duas partes: análise da apresentação material, das ilustrações e do conteúdo de revistas e jornais para crianças e jovens; e descrição e análise do resultado da aplicação de questionário aos leitores de oito a 16 anos, familiares e professores, para verificação da influência dessas leituras.

Em 1941, presidiu a Comissão Nacional de Ensino Primário e organizou e secretariou a I Conferência Nacional de Educação. No ano de 1946, assumiu o cargo de professor de Psicologia Educacional na Faculdade Nacional de Filosofia do Rio de Janeiro, onde permaneceu até se aposentar, em 1956.

Em 1947, como diretor-geral do Departamento Nacional de Educação, Lourenço Filho planejou e dirigiu a Campanha Nacional de Alfabetização de Adultos, "primeiro movimento de educação popular de iniciativa do governo federal" (Associação Brasileira de Educação, 1959, p.230). No âmbito da campanha, Lourenço Filho escreveu sua segunda cartilha: *Ler*, dessa vez exclusivamente para adultos, além de dirigir e colaborar na elaboração dos textos *Saber* e *Viver*.

Em 1948, presidiu a Comissão para elaboração do anteprojeto da Lei de Diretrizes e Bases da educação brasileira e, em 1949, Lourenço Filho organizou e dirigiu o Seminário Interamericano de Alfabetização de Adultos, no qual recebeu o título de "Maestro de las Américas", e fundou a Associação Brasileira de Psicologia, tendo sido eleito seu presidente.

Em 1952, foi eleito presidente do Instituto Brasileiro de Educação, Ciência e Cultura; em 1954, recebeu uma placa laudatória da "Câmara Brasileira do Livro"; e, em 1955, presidiu o I Seminário Latino--Americano de Psicologia Aplicada. Em 1956 e 1957, foi membro da Comissão de Concurso de Literatura Infantil. Em 1956, quando se aposentou, a Universidade do Brasil concedeu-lhe o título de "Professor Emérito", e o governo da República inaugurou com seu nome a

24   ESTELA NATALINA MANTOVANI BERTOLETTI

Ordem Nacional de Mérito Educacional, no grau de *Egregius*. Ainda por ocasião de sua aposentadoria, Lourenço Filho recebeu o título de Professor Honorário da Universidade Mayor de São Marcos de Lima, no Peru, e foi eleito membro da American Statistical Association of the United States.

Em todo esse período, a partir da década de 1930, Lourenço Filho intensificou o número de suas publicações. Teve publicados textos curtos sobre educação, psicologia, sociologia, leitura, livros e literatura, além de livros teóricos de grande destaque, como *Introdução ao estudo da Escola Nova* (1930), *Tendências da Educação Brasileira* (1940c) e *A pedagogia de Rui Barbosa* (1954b); livros didáticos, como os livros de matemática: *Aprenda por si!* Série A (1941) e Série B (1942c), *Nova Taboada e Noções de Aritmética* (1958); livros de literatura infantil e juvenil, sendo os já citados da Série Histórias do Tio Damião e *São Paulo* (1954) (Série Viagem através do Brasil); e livros para leitura escolar da Série de Leitura Graduada Pedrinho (Iniciada em 1953, composta por cinco livros, sendo uma cartilha de alfabetização intitulada *Upa, cavalinho!* (Lourenço Filho,1957c)).[17]

A partir da aposentadoria, Lourenço Filho dedicou-se mais intensamente à sua produção escrita, bem como procedeu à revisão e ampliação de seus livros publicados que já alcançavam inúmeras edições. Segundo Ruy Lourenço Filho (2001), muitos escritos originais dessa época encontram-se dispersos em prefácios ou ensaios introdutórios de várias obras, em número superior a uma centena. Pelo conjunto de sua obra, em 1963, Lourenço Filho recebeu o prêmio "Ciência da Educação", da Fundação Moinho Santista, e, em 1978, com a criação da Academia Brasileira de Literatura Infantil e Juvenil, foi eleito patrono da cadeira n° 11.

O último trabalho de Lourenço Filho, até sua morte em 3 de agosto de 1970, aos 73 anos de idade, "foi o de presidir a comissão que organizou o programa de pós-graduação em psicologia no ISOP, da Fundação Getúlio Vargas" (Penna, 1989, p.30); seu último escrito foi

---

17 Os títulos dos livros de leitura da Série de Leitura Graduada Pedrinho vêm explicitados mais à frente, neste capítulo.

o prefácio à tradução brasileira de Agostinho Minicucci do livro *Problemas e métodos no ensino da leitura*, escrito pela educadora argentina Berta Braslavsky, publicado, em 1971, pela Editora Melhoramentos, na coleção Biblioteca de Educação.[18] Em 1987, a Companhia Melhoramentos de São Paulo distribuiu o "Prêmio Lourenço Filho" a autores brasileiros e estrangeiros mais notáveis, pela consagração pública que tiveram seus livros publicados por aquela editora. A homenagem da editora a Lourenço Filho, dando seu nome ao prêmio, é assim justificada pelo Dr. Alfred Karl Ploeger (1987, p.8), presidente do Conselho de Administração da Companhia Melhoramentos de São Paulo: "A láurea é igualmente homenagem que prestamos ao notável intelectual Lourenço Filho. Além de escritor fecundo, foi um dos principais educadores e dos mais importantes renovadores do ensino brasileiro".

Na ocasião, Lourenço Filho foi laureado postumamente com o "Troféu Platina", ao lado de outros escritores como Edy Lima, Francisco Marins, Renato Sêneca Fleury, Tales de Andrade e Ziraldo Alves Pinto, dentre outros.

O escritor Lourenço Filho

Segundo Ruy Lourenço Filho (1997), o *escritor* Lourenço Filho parece ter um papel fundamental, dada a vastidão e importância de seus escritos, na constituição do *educador* Lourenço Filho. Admitido o escritor Lourenço Filho dessa forma, é possível afirmar que, após "puxar a fieira" de *O Pião* (Marins, 1997), Lourenço Filho iniciou a obra de sua vida.

Mais do que uma brincadeira de criança, quando observada sua duração no tempo, que, segundo Ruy Lourenço Filho (1997), alcançou mais de um ano, *O Pião*, cujo primeiro número data de 16 de julho de

---

18 A Biblioteca de Educação foi organizada e implementada por Lourenço Filho, a partir de 1927, sendo a primeira coleção pedagógica criada no Brasil. A esse respeito, ver, especialmente: Monarcha (1997c) e Carvalho; Toledo (2004).

1905, buscava "dar algumas ferroadas em quem merecer, e também nos alumnos das escolas de P. Ferreira" (Lourenço Filho, 1905, s.p), além de noticiar festas, aniversários, dar conselhos etc., mas não buscava tratar "de cousas importantes, pois é dirigido por um menino que não está abilitado a isso" (ibidem).

O menino Lourenço Filho cresceu e, muito jovem ainda, passou a aspirar à literatura, influenciado, dentre outras, pela leitura de *Os sertões*, de Euclides da Cunha, cujos temas chegou a discutir com seus mestres na Escola Normal Primária, em Pirassununga (Marins, 1987).

Assim, apesar da "cultura deficiente" modestamente autodenominada por Lourenço Filho na já referida entrevista à revista *Formação* (Lourenço Filho, 1940a), quando formado professor primário, ele começou, em 1915 e 1916, a publicar não apenas literatura, mas também crítica literária na revista *Vida Moderna*.

Lourenço Filho teve publicados, nessa época, os seguintes contos e crônicas: "Suicida (das cartas de Noel Felix)" (1915), "Conto de serão" (1915), "Clarita (notas para um conto)" (1916), "De Pierrete" (1916), "O Bock (notas para um conto)" (1916), "Carta de amor" (1916), "Presente de anos" (1916), "Chronica vadia" (1916), e os seguintes ensaios de crítica literária: "Impressionismo nas Letras" (1915), "Chronica (sobre estilo de Fialho de Almeida)", "Chronica (sobre estilo de Euclides da Cunha)" (1916).

Às literatura e crítica literária produzidas por Lourenço Filho vieram se juntar reflexões a respeito dos problemas da leitura e dos livros, que resultaram na publicação dos seguintes textos: "O que a criança lê" (1920); "Um inquérito sobre o que os moços lêem" (1927); "O problema do livro nacional" (1938); e "O cinema e a literatura na educação da criança" (1939).

O primeiro livro do escritor, intitulado *Joaseiro do Pe. Cícero*, foi publicado em 1926. Misturando literatura e ciência, Lourenço Filho exercitou sua "vocação de escritor", em estilo euclidiano, do ponto de vista de uma "mente ilustrada" (Monarcha, 2001). Com esse livro de "literatura social", Lourenço Filho recebeu o prêmio *Ensaios*, em 1927, e passou a ocupar a cadeira n° 32 da Academia Paulista de Letras, em 1929, em substituição a Ezequiel de Paula Ramos (1846-1905).

LOURENÇO FILHO E LITERATURA INFANTIL E JUVENIL 27

Nessa noite, o escritor Lourenço Filho, ao receber com os demais novos o alto título de pertencer à Academia Paulista de Letras, ocupando a cadeira n. 32, *passava a figurar entre os homens de letras do país.* (M. B. Lourenço Filho, 1997, p.43, grifos meus)

Teve publicados, ainda, ao longo de sua carreira, mais alguns textos de literatura ou com ela relacionados, como: "O carvalho arrancado" (1919) e "A Padaria espiritual" (1923); e textos de crítica literária, como: "O menino e o palacete" (1954), "O simbolismo de 'O menino e o palacete'" (1955), "Um romance paulista: 'Clarão da Serra'" (1962a), "Linguagem num romance paulista" (1964); e o texto de recepção ao acadêmico Francisco Marins na Academia Paulista de Letras "Oração do acadêmico Lourenço Filho" (1966a), no qual Lourenço Filho exercita a crítica literária à obra desse escritor.

Como já informado, a partir de 1926, a produção de literatura infantil passou a fazer parte das atividades do escritor Lourenço Filho, quando passou a revisar os textos da coleção Biblioteca Infantil. A partir de 1937, essa atividade se intensificou, por meio da revisão de textos e orientação a autores e/ou adaptadores, até 1957, quando a coleção totalizou cem títulos (Arroyo, 1968, p.187).

Esta revisão objetivou a simplificação do vocabulário, de modo a atingir maior público infantil em função da idade, e a expungir as estórias de certas passagens menos satisfatórias, por inspirarem sentimentos de medo, ou terror. Esse trabalho de Lourenço Filho se constata pelo confronto entre as edições originais até 1926, e as reedições a partir dessa data.

O exercício também da função de consultor editorial para livros destinados a crianças na Companhia Melhoramentos, nessa época e ao longo de várias décadas, estreitou os laços do autor com a literatura infantil. Lourenço Filho examinava os textos originais e também as traduções e adaptações de textos que aspiravam à publicação, submetendo-os a correções ortográficas e de "fundo" e "forma", mas sempre respeitando, segundo Marins (1997), os conceitos dos autores, e,

28   ESTELA NATALINA MANTOVANI BERTOLETTI

quando Lourenço Filho pressentia um novo bom autor, "propunha-se a orientá-lo e até reescrevia trechos de seus trabalhos" (ibidem, p.86).[19] Nessa tarefa, de acordo com Marins (1997), Lourenço Filho chegou a emitir "mais de cinquenta mil pareceres":[20] "Naquela tarefa [Lourenço Filho] haveria de remodelar textos, propor novas lições, limar períodos, acrescentar dados pertinentes, isto sem ferir a genuinidade das obras, nem provocar a crítica dos autores".

Essa atividade de Lourenço Filho ao longo de sua formação e trajetória profissional parece ter sido seu referencial para a atuação, em 1936 e 1937, como presidente da Comissão Nacional de Literatura Infantil. Ali, juntamente com os escritores Murilo Mendes (secretário), Manuel Bandeira e Jorge de Lima, e as educadoras Maria Eugenia Celso e Elvira Nizinska,[21] Lourenço Filho teve oportunidade de discutir aspectos do que se pode considerar o início de uma teoria da literatura infantil, o que será detalhado mais adiante.

Essas experiências oportunizaram a Lourenço Filho receber o convite, do presidente da Academia Brasileira de Letras, em 1943, para falar aos seus membros a respeito da literatura infantil e seus problemas. Nessa palestra, publicada na *Revista Brasileira* (Rio de Janeiro) sob o título "Como aperfeiçoar a literatura infantil", Lourenço Filho demonstrou grande conhecimento do assunto, sintetizando conceitos básicos sobre o gênero, o que torna esse artigo pioneiro na produção mais sistematizada *sobre* o gênero.

Depois disso, Lourenço Filho produziu uma série de textos *sobre* leitura e literatura infantil e juvenil, como: "O ensino e a biblioteca" (1945); "O valor das bibliotecas infantis" (1948a); "A criança da lite-

---

19 Adiante no capítulo, a descrição de alguns pareceres emitidos exemplificam as correções efetuadas por Lourenço Filho em alguns textos de literatura infantil, incluindo os de Francisco Marins.

20 Como se pôde observar, há divergências a respeito do número de pareceres emitidos por Lourenço Filho ao longo de várias décadas em que foi consultor editorial da Companhia Melhoramentos de São Paulo: Donato (1990) registra "quase" 30 mil, e Marins (1997), "mais de" 50 mil.

21 Alguns documentos consultados atestam a participação também do escritor José Lins do Rego e da poeta e educadora Cecília Meireles, nessa Comissão.

LOURENÇO FILHO E LITERATURA INFANTIL E JUVENIL   29

ratura brasileira" (1948b); "Literatura infantil e juvenil" (1957a); "Inquérito sobre livros para crianças" (1959b); "Lúcia Benedetti e o teatro infantil" (s.d.(c)); "Como tornar cada criança e cada adolescente um bom consumidor de leitura (1966b); além de introdução, apresentação e prefácios a livros de e sobre literatura infantil, como, dentre tantos outros: "Prefácio" (1959b) – ao livro Vamos recitar, poesia e teatro infantil, de Maria de Lourdes Nunes de Andrade; "Introdução" (1962b) – ao livro Brasil: paisagens e costumes; "Prefácio" (1962b) – ao livro Nuvens choronas, de Luis M. Nery; "Apresentação" (s.d.(b)) – ao livro A história da árvore de Natal, de Hertha Pauli; "Um livro básico sobre literatura infantil" (1968) – prefácio ao livro Literatura infantil Brasileira – ensaio de preliminares para sua história e suas fontes, de Leonardo Arroyo.

Em suas preocupações com a literatura infantil, as questões da educação continuavam a incomodar Lourenço Filho, uma vez que sua produção sobre e do gênero estava contida em um projeto maior de educação e cultura. Sintonizado com os anseios e as necessidades de sua época sobre a educação e seus problemas e, nesse âmbito, sobre a leitura e, consequentemente, a literatura e a literatura infantil, Lourenço Filho (1928) reconhecia que era preciso educar o povo para o progresso social e que o ensino da leitura era um dos elementos de educação popular. Em vista disso, Lourenço Filho teve publicada, a partir de 1928, um extensa produção didática que abrange desde cartilhas de alfabetização até livros para leitura escolar. Importante é, no entanto, observar que ele não se descuidou de sua produção de literatura infantil, uma vez que essa constituía o meio para a leitura.

No âmbito dessa produção didática, teve publicadas: as já citadas Cartilha do povo – para ensinar a ler rapidamente (1928) e Upa, cavalinho! (1957c); e os livros de leitura da Série de Leitura Graduada Pedrinho, com os títulos: Pedrinho (1953), Pedrinho e seus amigos (1954), Aventuras de Pedrinho (1955), Leituras de Pedrinho e Maria Clara (1956), Pedrinho e o mundo (1957),[22]

---

22 Apesar de constar em vários anúncios da Série, o volume 5, Pedrinho e o mundo, parece não ter sido publicado. Deixo, no entanto, seu título registrado para demonstrar a totalidade do projeto editorial dessa série de leitura escolar.

30   ESTELA NATALINA MANTOVANI BERTOLETTI

Vale lembrar que, antes da série de leitura mencionada, teve publicada a também já citada Série Histórias do Tio Damião, com 12 títulos: *Totó* (1942a), *Baianinha* (1942b), *Papagaio Real* (1943a), *Tão pequenino...* (1943b), *Saci-Pererê* (1944a), *O indiozinho* (1944b), *A irmã do indiozinho* (1946a), *A Gauchita* (1946b), *A formiguinha* (1946c), *No circo* (1946d), *Maria do Céu* (1951a), *E eu, também...* (1951b).

Analisando a faceta do escritor Lourenço Filho, Ruy e Márcio Lourenço Filho (1959) afirmam que o que caracteriza a obra de seu pai é o esforço do "publicista pedagógico" com o propósito de contribuir para uma mentalidade esclarecida em matéria de educação. Para esses autores, essa obra pode ser "distribuída" em quatro categorias: "educação em geral", "psicologia", "pensamento social" e "escritos para crianças".

Em todos seus escritos, Lourenço Filho tem mantido coerência de ideias e atitudes, e uma inabalável fé no valor da educação e da cultura. Mas, ao mesmo tempo, neles traduz um empenho de renovação e atualização incessante. [...]
O respeito pelo leitor, na exatidão que deseja imprimir a seus escritos, tem sido outra nota constante, o que explica por certo a autoridade de que se revestem seus trabalhos, no país e no estrangeiro. (Lourenço Filho; Lourenço Filho, 1959, p.203)

Para Peregrino Junior (1959, 182-3), o escritor Lourenço Filho é também filósofo, sociólogo, psicólogo e pedagogo, sendo, por isso, um "escritor autêntico".

A sua arte de escrever é sutil, isenta e preclara. Sabe escrever com fluência, elegância e correção, escrevendo muito bem, exatamente porque dá a ilusão de estar escrevendo sem a preocupação de *escrever bem*. Não se vêem, na sua prosa, os andaimes da construção. E esse, no avisado conselho de Machado de Assis, é o melhor estilo: desataviado, claro, direto. Aparentei-o sempre, pela erudição extensa, pela expressão fácil e pelo dom admirável da clareza, ao de Medeiros e Albuquerque. (grifos do autor)

Já segundo Marins (1987, s.p.), Lourenço Filho se comunicava "de maneira clara e objetiva, com vocabulário precioso e adequado,

LOURENÇO FILHO E LITERATURA INFANTIL E JUVENIL   31

sinonímia rica, quando falasse ou escrevesse", adotando o método do "contador de histórias".

O escritor Lourenço Filho, como se pôde verificar aqui, teve publicada uma numerosa e variada produção: de literatura (para adultos) e crítica literária; de literatura infantil e juvenil; de livros didáticos para o ensino da leitura; de textos *sobre* literatura infantil e assuntos correlatos; de introdução, apresentação e prefácios a textos *de* e *sobre* o gênero e de pareceres a textos *de* literatura infantil. Além disso, atuou como presidente da Comissão Nacional de Literatura Infantil.

Literatura (para adultos) e crítica literária[23]

A produção de literatura (para adultos) de Lourenço Filho, como se pôde verificar, ocupou, predominantemente, o tempo da juventude do escritor – de 1915 a 1926 –, o que parece justificar a constatação do escritor Josué Montello (apud Lourenço Filho, 1997, p.44) sobre a renúncia de Lourenço Filho à criação literária – "a que ele poderia ter dedicado" –, em benefício de uma obra de educação. Apesar disso, sua produção de literatura é bastante significativa, pois revela o "nascimento" da veia literária do escritor, concretizada e tematizada, mais tarde, no âmbito da literatura infantil e juvenil. Assim, a produção de literatura (para adultos) e a crítica a textos do gênero podem ser considerados o "embrião" da produção de literatura infantil de Lourenço Filho.

No trecho do conto "Presente de anos", de 1916, que segue, podem ser observados o estilo e a linguagem utilizados nos contos e crônicas escritos por Lourenço Filho, bem como a sensibilidade e poesia com que foram tratados os temas:

---

23 Como a produção de Lourenço Filho de literatura (para adultos) e de crítica literária não é objeto deste livro, ative-me, aqui, a reproduzir alguns trechos e a fazer uma rápida descrição desses textos e considerações gerais sobre o estilo de seu autor. Essa produção merece um estudo mais aprofundado ainda a ser feito, para contribuir para a história da literatura em nosso país e também para se conhecer mais essa faceta de Lourenço Filho.

32   ESTELA NATALINA MANTOVANI BERTOLETTI

De sincero eu não devia escrever-te hoje, porque os grandes enlevos não permitem a consciência do tempo e do espaço. Mas força é substituir a ternura da emoção, pela rudeza do capricho, quando este traz alegria, senão, de seu cumprimento, emoção maior. E que crime é o de mandar-te duas linhas e um cumprimento? O de apontar o castigo do tempo que te faz mais velha? Ora, tu sabes, um ano que passa é nada. E posto que a lembrança de seus dias traga lembrança de dores que se têm sofrido, ainda assim é nada. Eu, de mim, posso dizê-lo. De ti, procura ao teu coração. Ele não marcou dores, e há de responder cantando ledo uma canção de vida, que cantarás também [...] (Lourenço Filho apud R. Lourenço Filho, 1997, p.36-7)

Joaseiro do Pe. Cícero, por sua vez, construído pela reestruturação de artigos anteriormente publicados, demonstra maior maturidade literária, embora sua inscrição no campo científico e literário tenha ocorrido apenas à época de sua publicação (Monarcha, 2001, p.2), acabando por ser incorporado à bibliografia de psicologia social, "acolhido como fonte para análises sociológicas centradas nos temas do messianismo, cultura rústica, fanatismo religioso e cangaço..." (ibidem).

Ao cientificismo dos dados precisos e comprovados por citações, à análise psicológica e sociológica do fenômeno do Padre Cícero juntou-se uma linguagem pormenorizada, descritiva e narrativa, entremeada de sensibilidade e poesia, além de refinada ironia, especialmente nos primeiros quatro capítulos, que conferem ao livro e ao seu autor qualidades literárias – talvez isso justifique os elogios ao livro à época (Lourenço Filho, 1997) –, como se pode comprovar no fragmento a seguir:

Às primeiras caminhadas, sobrevem, rápida, a fadiga. Assalta depois o viandante estranho à terra certa ansiedade, quando não extrema excitabilidade geral e impressionante atividade da imaginação. E não raro é que se lhe apresentem miragens. No extremo dos tabuleiros escaldantes, ou sobre o emaranhado das caatingas ressequidas, compõe a ilusão os mais tentadores oásis, recortes de serras nunca existentes, jardins e pomares...

A explicação do primeiro fato talvez esteja nas longas horas de sol, sempre ardente e cáustico, na mesmice do ambiente, cujas ondulações se copiam desconsoladoramente, e na secura do ar, intolerável a princípio a quem

LOURENÇO FILHO E LITERATURA INFANTIL E JUVENIL   33

não esteja aclimado. O segundo, no contraste maravilhoso das noites, sobrevindas quase de chofre, sem ocaso duradouro, com céus incalculavelmente diáfanos e profundos, buliçosos de vida de astros incontáveis, sobre cuja luz hesitante meteoritos lançam riscos fantásticos, quando um luar embriagador não se derrame, como bálsamo sobre as coisas da terra, transfeitas em quadros de magia e sedução...

Avisado dessas alternativas de angústia e consolo, o estranho se anima a transpor os sertões, no seio dos quais irá notar que a civilização daquelas paragens é um prodígio de tenacidade, teia de Penélope entretecida de sacrifícios e renúncias sem nome, mantidas gerações afora, não se sabe bem por que razões profundas.

E compreenderá, num átimo, por que a vida ali estacionou em aparente bocejo de cansaço ou desânimo, e logo perceberá que a primeira impressão contra o filho da terra é descabida e injusta. (Lourenço Filho, 2002, p.26-7)[24]

A inserção mais recente do livro no campo científico ou, quando muito, na "literatura social" talvez deva ter ocorrido em virtude, especialmente, da opção do escritor em dissertar sobre a educação, em detrimento da narração, na conclusão do livro. Na conclusão, Lourenço Filho explicita uma ampla concepção de educação e uma concepção de leitura restrita a simples instrumento de cultura, que não supre a totalidade das necessidades do povo; por isso, advoga a necessidade da formação de elites, nas ordens intelectual e moral, a serem estabelecidas por um sistema de cultura técnica e superior.

Sem se descuidar do ensino primário e do ensino profissional, cuja extensão iria tendo marcha normal, esses aparelhos de verdadeira cultura acabariam por produzir não só a mais benéfica coordenação mental, como criariam o ambiente propício a um trabalho de educação popular extensa, pela escola, pela igreja, pelo livro, pelo cinema, pelo rádio... (ibidem, p.144)

---

24 A ortografia atualizada do fragmento se justifica por tratar-se da 4ª edição do livro *Joaseiro do Pe. Cícero*, de 2002.

Dessa forma, o livro *Joaseiro do Pe. Cícero* é representativo do pensamento social brasileiro da época em que foi escrito "em que a atitude fundamental residia na conciliação da pesquisa social com o empenho da reforma política e cultural articuladamente à criação de uma identidade nacional" (Monarcha, 2001, p.3).

A crítica literária produzida por Lourenço Filho, por sua vez, consiste em análises de aspectos formais, estilísticos e estruturais, como "lições" e propaganda de produção literária, feitas pelo crítico "desavisado" – como se autodenomina. A título de exemplo, seguem trechos de "Chronica" (sobre estilo de Euclides da Cunha), de 1916, "Um romance paulista: 'Clarão da Serra'", de 1962 e "Linguagem no romance paulista" de 1964, os dois últimos sobre o estilo do escritor Francisco Marins:

> Foi da leitura de notas simples sobre a vida íntima de Euclides da Cunha, que depreendemos com verdade, a força e a chave de seu estilo tão deslumbrante de artifício. Euclides achava-se uma vez em casa duma família de sua intimidade, quando lhe foi apresentada uma criança, dessa idade adorável em que as crianças têm tanto de graça e de encanto no mal-entender o mundo. [...] Assim como mimasse a criança que via, perguntaram-lhe os pais, nunca contentes de ouvir gabos à filha, o que dizia dela. O mal-aventurado escritor levantou os seus grandes olhos sempre animados daquele brilho estranho de nevrose, e encarou os genitores da bela menina. Sentenciou, depois: – É uma espiga de milho brotando, lindíssima, dentro de um trigal!... Era profundo e enigmático. A quem conheça o caso, e as eminentes pessoas com quem ele se deu, a frase tem clareza farta. E daí se vê que, nem mesmo ao emitir um juízo que deverá ser tão simples quão sincero, Euclides da Cunha perdia aquela postura de alma extraordinária. Era profundo e enigmático. A nós, toda a impressão que nos faz a sua, infelizmente, minguada obra, é a mesma, nascida por espontâneas reflexões, da frase amaneirada com que dizia da beleza de uma criança, linda como todas as crianças lindas... (Lourenço Filho apud R. Lourenço Filho, 1997, p.35-6)

Na carreira literária de Francisco Marins, o romance "Clarão da Serra" vem abrir uma nova fase. Ela não oferece, no entanto, qualquer descontinuidade com as anteriores. Pelo contrário. Nas histórias para pré-adolescente e novelas juvenis, que escreveu, já esse autor revelava os atributos essenciais do romancista de hoje.

LOURENÇO FILHO E LITERATURA INFANTIL E JUVENIL 35

Muitos escritores estreiam com um romance. Raramente produzem, porém, como este é o caso, uma complexa narrativa dotada de grande força e beleza. Só uma longa experiência ensina o ofício de narrar bem, apurando a arte de juntar o estranho ao óbvio, em que principalmente reside o poder de comunicação do romancista com o grande público. Em "Clarão da Serra", esse poder atrairá leitores das mais diversas condições. Não é obra, contudo, que se percorra uma vez para não mais a ela voltar-se. Sugere problemas, levanta dúvidas, deixa uma reflexão. (Lourenço Filho, 1962a, p.3)

Não se percebe na leitura [de *Clarão da Serra*] qualquer artifício de composição, por seleção deliberada das formas verbais. Marins narra pelo que ouviu na tradição familiar, ou pelo que diretamente tenha observado, tornando a linguagem, ela própria, como que protagonista da narrativa. Não há hiatos, com perda dos atributos de naturalidade de estilo.

A unidade é obtida pela constância de algumas formas sintáticas, o gosto das imagens simples e diretas, e, sobretudo, a capacidade geral de narrar bem. Pouco importa a variação sucessiva do vocabulário, numas passagens quase insensível e, em outras, bem marcada. Só em autores amaneirados é que o vocabulário caracteriza o estilo. Assinale--se, por fim, algo que já não diz respeito diretamente à linguagem, mas a uma variação de perspectiva na construção literária, que decide do valor expressivo geral da obra. Nas primeiras partes do romance, está acentuado o império das coisas, a força da terra, a influência de bandos – greis pioneiras, lotes de escravos, agregados de senhores e súditos... Aí menos interessa o desenho psicológico de cada personagem, ou nem menos é êle ensaiado.

A medida, porém, que a narrativa prossegue, os sentimentos, propósitos e motivos individuais tornam-se cada vez mais nítidos. Os tons difusos dos primeiros embates e conflitos sangrentos transitam para a definição de caracteres. A análise psicológica vem a dominar.

Essa marcha impõe ao romancista múltiplos e delicados problemas de composição, e consequentemente de linguagem, o que poderia determinar desgraciosas rupturas na maneira de escrever. Não é, porém, o que ocorre. E não ocorre precisamente porque, em *Clarão da Serra*, a invenção literária e a instrumentação verbal participam do mesmo ato de criação. (Lourenço Filho, 1964b, p.81)

36 ESTELA NATALINA MANTOVANI BERTOLETTI

Embora o texto "Oração do acadêmico Lourenço Filho" seja, como já informado, um texto de recepção ao acadêmico Francisco Marins na Academia Paulista de Letras, e não um texto especificamente de crítica literária, nele essa está bastante presente, como se pode observar, a título de exemplo, no trecho a seguir:

Vossos livros para crianças, que admitimos sejam cinco e não mais, procedem de uma só e mesma motivação original, bem revelada pela constância do cenário e presença das mesmas personagens. [...]

Em toda a série infantil o discurso é indireto: o autor narra, na terceira pessoa sem maior interesse por aspectos introspectivos, mesmo porque entre o mundo real e o mundo imaginário das personagens não havia maior transição. [...] a técnica de narrar era sempre a mais singela [...] (Lourenço Filho, 1966a, p.25-8)

A crítica literária produzida pelo escritor aponta para a autoridade de que foi se revestindo o nome de Manoel Bergstrõm Lourenço Filho em matéria de literatura, timidamente em 1915 e 1916, e mais relevante e importante ao longo dos anos seguintes, vindo a ser consultor editorial, conforme já informado, da Companhia Melhoramentos, uma das seis maiores editoras de livros para crianças do país, à época.

Literatura infantil e juvenil[25]

O primeiro envolvimento de Lourenço Filho com a literatura infantil foi a organização da coleção Biblioteca Infantil, que, conforme já dito, foi a primeira coleção de literatura infantil do Brasil. Organizada, a partir de 1915, por Arnaldo de Oliveira Barreto (1869-1925) e assumida, após sua morte, por Lourenço Filho, essa coleção constava de consagradas histórias tradicionais, orientadas e revisadas.

---

25 Neste tópico, apenas apresento a produção de Lourenço Filho de literatura infantil e juvenil, para, no capítulo 3, analisar a configuração textual da Série Histórias do Tio Damião. A coleção Biblioteca Infantil e o livro São Paulo merecem um estudo mais pormenorizado, que não será desenvolvido neste livro.

A experiência acumulada e os estudos e pesquisas realizados até então por Lourenço Filho o autorizavam a imprimir seu estilo e seu pensamento à literatura infantil publicada naquela coleção: simplificou o vocabulário dos textos, para atingir maior número de público infantil; eliminou passagens que inspiravam medo ou terror; substituiu lugares, acontecimentos, vegetação e clima opostos à nossa sociedade e cultura; nacionalizou os temas e conteúdos, aproximando-os da realidade brasileira; recriou, enfim, os textos, buscando produzir arte que contribuísse tanto para deleite quanto para formação (Arroyo, 1968).

De acordo com Marins (1997), Lourenço Filho se propôs a escrever para crianças, convencido da possibilidade de adaptação de "estórias tradicionais" aos novos "ditames didáticos", eliminando delas o "humor negro".

> Lourenço desejava que a leitura pudesse se tornar uma ponte entre o mundo da criança e o do adulto e não uma pinguela para derrubá-la no abismo. (Marins, 1997, p. 83)
>
> [...]
>
> Lourenço Filho [...] levaria ao mais alto grau o conceito já explícito no Emílio, de Rousseau: a criança não só devia ser estudada mas antes, compreendida, e daí propor, como integrantes inseparáveis das narrativas – mesmo que de formas veladas – preceitos da Psicologia Infantil e da Pedagogia e afastando, como já dito, conceitos de terror e violência, e ainda, o sentido piegas ou moralista, muito a gosto de velhos catecismos aplicados à educação.
>
> Assim seu conceito de tal literatura era a de que devia exercer uma função humanizadora, porém com os ingredientes da fantasia, da evasão e do sonho e ser uma forma de fazer conhecer o próprio ser e o mundo e, assim, tornar-se uma ponte entre o mundo risonho da criança e o carrancudo do adulto. (ibidem, p.85-6)

Para Menin (1999), a revisão de *O patinho feio* feita por Lourenço Filho na coleção Biblioteca Infantil não se caracteriza apenas pela revisão do texto de Barreto – recriador da primeira edição, em 1915, desse conto, na coleção –, mas trata-se de uma "recriação" em razão da ampla modificação que processou em relação ao texto original de

38 ESTELA NATALINA MANTOVANI BERTOLETTI

Hans C. Andersen, segundo seu projeto e sua autonomia de trabalho ante a coleção. No entanto, de acordo com a autora, como Lourenço Filho e Barreto "falavam" a partir de um mesmo "lugar" – o escolar –, demonstravam em sua atuação ante a coleção preocupações similares, como as de preservar a arte e incentivar o gosto pela leitura nas crianças em situação escolar, por isso, em *O patinho feio*, de Lourenço Filho, sobressaiu-se o tom didático com intenção de educar, evidenciando os papéis de quem ensina e o de quem aprende, num enfoque formativo, moralizante e de crítica social. Isso, no entanto, não prejudicou a contribuição significativa de Lourenço Filho "para a constituição, manutenção e *maior idade* do gênero literário infantil" (Menin, 1999, p.169, grifo da autora).

Soares (2002, p.312), por sua vez, ao comentar as revisões de Lourenço Filho aos livros dessa coleção, afirma que, nesse projeto editorial, "o leitor em formação tinha etapas bem definidas a cumprir, guiado pela mão do mediador [Lourenço Filho], que convidava, mas controlava".

Além dos títulos da coleção Biblioteca Infantil, Lourenço Filho orientou, também, um título da Série Pátria Brasileira, publicada pela Companhia Melhoramentos de São Paulo, em 1953: *Leitura V,* de Renato Sêneca Fleury.

A Série Histórias do Tio Damião, por sua vez, eleita como *corpus* da pesquisa que originou este livro, como explicitado na Introdução, configura-se como produção original de Lourenço Filho *de* literatura infantil. Produzida na maturidade intelectual do autor, essa Série circulou por 16 anos no mercado editorial brasileiro, com um total aproximado de 600 mil exemplares.

Suas histórias, indicadas para leitores de seis a oito anos, tematizam o cotidiano de Dedé, uma menina pequena, curiosa, esperta, que vive algumas travessuras e aprende, por meio de histórias contadas pelo Tio Damião ou por outros contadores de histórias e por meio de diálogos com outras crianças, tipos, usos e costumes regionais, bem como aspectos do folclore brasileiro.

Pela produção dessa Série, Arroyo (1968) situa Lourenço Filho entre os autores que se destacavam por uma obra literária para crianças perfeitamente "definida e válida", ao lado de outros, como: Guilherme

LOURENÇO FILHO E LITERATURA INFANTIL E JUVENIL 39

de Almeida, Lúcia Machado de Almeida, Menotti del Pichia, Hernâni Donato, Érico Veríssimo, Maria José Dupré, Malba Tahan, José Lins do Rego, Luís Jardim. "Em Lourenço Filho o tema histórico se junta ao da ficção e ao do folclore para resultar na série Histórias do Tio Damião para crianças até 8 anos de idade" (Arroyo, 1968, p.226).

Já Lajolo e Zilberman (1984) avaliam que tanto essa Série quanto a Série de Leitura Graduada Pedrinho foram produzidas para completar a atuação como pedagogo de Lourenço Filho. Para as autoras, a Série Histórias do Tio Damião "transmite informações sobre usos e costumes regionais, reforçando as noções de comunidade brasileira e integração nacional, valores em evidência na época, que o livro de orientação didática acentua" (ibidem, p.80). Acrescentam que, apesar de a Série Histórias do Tio Damião não se destinar diretamente ao ensino, em seus textos predomina a finalidade educativa, "somada ao dirigismo ideológico, os quais variam segundo as intenções dos setores que utilizam a literatura para difundir conceitos e posições que lhes interessam em particular" (Lajolo; Zilberman, 1984, p.80).

São Paulo, publicado em 1954 pela Companhia Melhoramentos de São Paulo, segundo Afrânio Coutinho (1978) integra a produção de literatura juvenil de Lourenço Filho. Nesse livro, conserva-se a figura do Tio Damião, que narra aos meninos Benedito, Zezinho e Joaquim aspectos geográficos, históricos e culturais do Estado de São Paulo. Segundo Afrânio Coutinho (1978), embora esse livro tenha sido escrito para jovens, pode também ser lido por adultos que vão, como os jovens, aprender e se encantar, dada a variedade de temas, os comentários agudos, as informações seguras e a linguagem elegante e apropriada.

São Paulo faz parte da Série Viagem através do Brasil, organizada e revisada por Lourenço Filho, toda ela publicada pela Companhia Melhoramentos de São Paulo entre as décadas de 1940 e 1950. Essa Série, segundo consta na quarta capa desse livro, é um "Autêntico desfile das grandezas de nossa terra através de seus costumes, encantos naturais, formação histórica, acidentes geográficos, etc." (São Paulo, 1954, s.p.), composta de "Volumes caprichosamente ilustrados, constituindo a coleção um precioso documentário" (ibidem). Consta de 10 volumes, na seguinte ordem: v.1 – Amazonas e Pará; v.2 – Maranhão,

40 ESTELA NATALINA MANTOVANI BERTOLETTI

Piauí, Ceará, Rio Grande do Norte, Paraíba, Pernambuco, Alagoas e Sergipe; v.3 – Bahia, Espírito Santo e Rio de Janeiro; v.4 – Minas Gerais; v.5 – Rio Grande do Sul; v.6 – Santa Catarina; v.7 – Paraná; v.8 – Distrito Federal; v.9 – São Paulo; v.10 – Goiás e Mato Grosso. Com exceção dos volumes 8 e 9, de autoria de João Guimarães e de Lourenço Filho, respectivamente, todos os demais volumes foram escritos por Ariosto Espinheira.

Essa Série apresenta semelhanças com *Através do Brasil*, de Olavo Bilac e Manoel Bonfim, publicado em 1910 e "leitura apaixonada e obrigatória de muitas gerações de brasileiros" (Lajolo; Zilberman, 1991, p.34). Essas semelhanças dizem respeito à tematização do nacionalismo em ambos, no sentido de conhecer as terras brasileiras, como meio de exaltá-las e valorizar sua natureza, seu povo e suas regiões; ou seja, trata-se de uma visão ufanista do Brasil, visando garantir a unidade nacional em sua diversidade regional. Ao mesmo tempo informativos e de ficção, *São Paulo* e *Através do Brasil* buscam envolver o leitor e garantir sua adesão.

Livros didáticos para o ensino da leitura[26]

A produção didática de Lourenço Filho para o ensino da leitura iniciou-se em 1928, com *Cartilha do povo* – para ensinar a ler rapidamente, sendo esse aspecto – "autor didático" – o que mais se ressalta na obra de Lourenço Filho, segundo Ruy Lourenço Filho (1997). *Cartilha do povo*, conforme já informado, teve mais de duas mil edições, tendo sido publicada por mais de seis décadas. Essa trajetória editorial permite a apreensão de uma história de permanência e sucesso, não somente por ter levado a leitura inicial a milhões de brasileiros, mas também por ter servido de parâmetro para outras cartilhas brasileiras em sua estruturação e princípios, influenciando a história da alfabetização em nosso país (Bertoletti, 2006).

---

26 Neste tópico, apresento a produção didática de Lourenço Filho para mostrar que o escritor se envolveu com e concretizou uma produção didática "separada" de uma produção específica de literatura infantil e juvenil. Sobre a produção didática do autor, ver, especialmente, Bertoletti (2006); Magnani (1997); Mortatti (2000a; 2001).

LOURENÇO FILHO E LITERATURA INFANTIL E JUVENIL   41

A Série de Leitura Graduada Pedrinho, por sua vez, foi aplaudida e indicada como a "grande" produção de Lourenço Filho para crianças, à época de sua publicação e até os dias de hoje.[27] Não somente por sua exitosa trajetória editorial, mas também por seu caráter inovador, no que se refere seja ao aspecto gráfico, seja aos princípios teóricos que concretizava (Bertoletti, 2006), a Série de Leitura Graduada Pedrinho estava sintonizada com sua época. Para Afrânio Coutinho (1978), essa Série tinha utilidade não apenas para disseminar a leitura, mas também para incutir o gosto por ela e permitir um contato compreensivo com o mundo circunstante do seu interesse.

É importante ressaltar que o projeto editorial dessa Série foi levado adiante a partir de 1953, ou seja, dois anos depois de encerrado o projeto editorial da Série Histórias do Tio Damião. Assim, o intervalo de tempo que separa essa produção declaradamente didática da produção *de* literatura infantil de Lourenço Filho é indicativo de que, de acordo com o ponto de vista de seu autor, Histórias do Tio Damião foi produzida como literatura infantil, e a Série de Leitura Graduada Pedrinho foi produzida como leitura escolar, de caráter didático.

Textos *sobre* literatura infantil e assuntos correlatos[28]

Os textos de Lourenço Filho *sobre* literatura infantil e juvenil e assuntos correlatos – leitura e livros – foram veiculados em capítulo de livro, artigos, conferências, separatas, periódicos, crítica literária, "recepção de acadêmico",[29] introdução, apresentação e prefácios e pareceres a livros *de* e *sobre* literatura infantil.

---

27 Dentre os estudos que destacam a Série de Leitura Graduada Pedrinho no âmbito da produção didática de Lourenço Filho, ver, especialmente, Coutinho (1978); Coelho (1984); Marins (1997).

28 Neste tópico, apenas apresento um resumo do conteúdo e outros aspectos gerais dos textos de Lourenço Filho sobre literatura infantil e juvenil e assuntos correlatos, para, no capítulo 2, analisar a configuração textual dos textos eleitos como *corpus* da pesquisa que originou este livro.

29 Os artigos de crítica literária e "recepção de acadêmico" já foram descritos anteriormente no capítulo.

Capítulo de livro, artigos, conferências, separatas, periódicos

Nos artigos "O que a criança lê", publicado em 1920, no *Jornal do Commercio*, e "O cinema e a literatura na educação das crianças", publicado em 1939, pela *Imprensa Oficial* (Rio de Janeiro), Lourenço Filho acusa os efeitos nocivos que os impressos e o cinema de má qualidade causam nas crianças, um ser em formação.

"Um inquérito sobre o que os moços lêem", publicado em 1927 pela revista *Educação* (São Paulo) e também em separata, em 1928, é o resultado de um inquérito feito por Lourenço Filho com os alunos das últimas "classes" de duas escolas normais (uma do interior e outra da capital) e de um grande liceu paulista. Nesse inquérito, conclui que "'nossos moços lêem pouco e escolhem mal as obras que lêem'" (Lourenço Filho, 1927, p.3), em virtude de, segundo o autor, as escolas primárias terem condenado o livro de leitura.

A falta de leitura e de livros foi apontada na conferência do Dr. Levi Carneiro, ocorrida no Instituto de Estudos Brasileiros e publicada em "O problema do livro nacional", em 1938, da qual Lourenço Filho tomou parte como debatedor. Carneiro (1938) atribuía a falta de prestígio do livro à Escola Ativa, por sua reação antilivresca, afirmação de que Lourenço Filho discorda, defendendo um ponto de vista de que na Escola Ativa não se combatia o livro, mas o livro único, e indica o aumento da produção de livros naqueles anos.

Na palestra "Como aperfeiçoar a literatura infantil", publicada em 1943, Lourenço Filho problematiza a questão da literatura infantil, a fim de contribuir para os estudos e debates em torno do gênero. Para tanto, o autor busca, a partir de dados históricos, conceituar e delimitar a literatura infantil e estabelecer suas funções e modalidades, além de fazer um balanço da situação então atual e sugerir medidas para aperfeiçoá-la.

No artigo "O ensino e a biblioteca", de 1944, mais do que tecer considerações a respeito do tema, título do texto, Lourenço Filho faz observações de ordem pessoal, apontando sua vida e seus interesses voltados para a leitura e os livros e se autodenominando "ledor incorrigível". Esse texto resultou de uma conferência realizada em

LOURENÇO FILHO E LITERATURA INFANTIL E JUVENIL   43

5 de julho de 1944, na biblioteca do Departamento Administrativo do Serviço Público (Dasp) (Rio de Janeiro), sendo a primeira de uma série de conferências sobre o tema "A educação e a biblioteca". Foi publicado, ainda em 1944, na revista *Formação* (Rio de Janeiro), sob o título "Biblioteca e ensino", e em 1945, na *Revista Brasileira de Estudos Pedagógicos* (Rio de Janeiro) e na *Revista da Academia Paulista de Letras* (São Paulo), sob os títulos "Ensino e biblioteca" e "Biblioteca e Ensino", respectivamente.

"O valor das bibliotecas infantis", publicado em 1948, pela EBSA (Rio de Janeiro), foi o título dado à palestra de Lourenço Filho por ocasião de uma exposição de livros infantis. Nesse texto, o autor busca definir a literatura infantil como arte que serve à formação dos espíritos infantis, a partir de um esboço histórico da constituição do gênero.

Em "A criança na literatura brasileira", conferência de Lourenço Filho proferida na Federação das Academias de Letras (Rio de Janeiro), em 1948, e publicada na *Revista da Academia Paulista de Letras*, nesse mesmo ano, após fazer considerações teóricas sobre a infância e a delimitação dessa fase da vida humana, o autor destaca a imagem da criança na prosa brasileira, dividida entre: livros de memórias, autobiografias romanceadas, contos e novelas. Para Lourenço Filho (1948b), a consistência cada vez maior dada, então, à criança na prosa brasileira retrata um fenômeno de vida social extensa, de aumento do nível de cultura do país.

Em "Literatura infantil e juvenil", publicado em 1957, como apêndice do livro *História da Literatura,* de José Marques da Cruz (1957), partindo de dados históricos das origens da literatura infantil, Lourenço Filho conceitua, delimita e traça as modalidades da literatura infantil e juvenil, fundamentando-se no conceito de *catarse,* como definido pela psicologia.

"Inquérito sobre livros para crianças", de 1959, é uma entrevista concedida por Lourenço Filho à revista *Leitores e Livros* (Rio de Janeiro). Respondendo a questões sobre o processo de produção de seus livros para crianças e sobre as bases teóricas que os sustentam, Lourenço Filho faz uma análise da produção de literatura infantil, compreendendo-a como ligada à criança e a sua necessidade inerente de formação.

44 ESTELA NATALINA MANTOVANI BERTOLETTI

No artigo "Como tornar cada criança e cada adolescente um bom consumidor de leitura", publicado em 1966, na revista *Educação* (Rio de Janeiro), Lourenço Filho destaca o processo evolutivo da leitura, que deveria culminar, a seu ver, na formação do "bom consumidor de leitura". Esse processo evolutivo, segundo o autor, leva em consideração três aspectos, de modo contínuo e progressivo: a maturidade da criança, a motivação para a leitura e o material de leitura. O "bom consumidor de leitura", por sua vez, não é aquele que lê por ler, mas que lê "[...] com maior refinamento de espírito crítico [...]" (Lourenço Filho, 1966b, p.12), com compreensão; desse modo, "a ação cultural da leitura se exercerá em toda sua plenitude, passando assim a influir em maior integração de valores lógicos, sociais e morais" (ibidem).

No mundo atual, com o desenvolvimento de outras formas técnicas de comunicação, como o cinema, o rádio e a televisão, oferecemos a crianças e adolescentes impressões muito mais numerosas que antes, mas tangendo o espírito de cada um de *fora para dentro,* sem que suas forças interiores de imaginação e de espírito crítico se expandam e se reforcem. Tudo isso frequentemente representa a negação da própria cultura, ou a abolição de seus mais altos valores, e por uma razão muito simples: é que, industrializadas, essas formas modernas de comunicação têm normalmente o espírito de lucro, seja como fôr, não o de mais equilibrada formação das novas gerações. [...]
Mais uma razão, portanto, para que se cuide de fortalecer o espírito crítico das novas gerações, o qual, ainda e sempre na leitura, poderá encontrar o seu instrumento de eleição. Devemos armar crianças e jovens a se defenderem de tais influências nocivas, assim como lhes ensinamos a preferirem a água limpa à suja e a comer o que realmente seja nutriente saudável. (ibidem, p.12-13)

Em "Lúcia Benedetti e o teatro infantil", artigo datilografado por Lourenço Filho, o autor discorre sobre a importância das peças infantis dessa escritora. Para isso, procede a um apanhado histórico do teatro universal, assinalando sua associação geral com a educação, desde a idade média, quando se sustentava na ação social de "propagação dos bons costumes e ideias religiosas do tempo" (Lourenço Filho, s. d.(c),

LOURENÇO FILHO E LITERATURA INFANTIL E JUVENIL   45

p.1) e aponta a importância do teatro escolar no século XX, associado à ideia de jogo ou brinquedo.

> Deixava assim o teatro escolar de ser encarado como arte, para com maior frequência tornar-se um artifício, sustentado apenas por interesses didáticos imediatos ou por objetivos de diversão, em solenidades de fim de ano. Os especialistas do assunto passaram mesmo a substituir a denominação de teatro infantil pela de "exercícios de dramatização", úteis se bem empregados, mas caricaturais quando sob esse pretexto estejam tentando praticar a representação cénica. Autores de mérito se associaram a esse movimento. Bastará lembrar entre nós Bilac e Coelho Neto e [ilegível] com seus seguidores depois, muito numerosos, e de variável capacidade literária e artística. (ibidem, p.2)

De acordo com Lourenço Filho, no entanto, as peças de Lúcia Benedetti, representadas no Brasil pela primeira vez em 1948, pela companhia de Henrietti Morineau e que começavam a se projetar no estrangeiro, eram diversas dessa orientação escolar.

> O que pretendeu foi apresentar o teatro, como teatro, com sua força criadora, plástica e dramática sobre a criança, independentemente das representações escolares, que são outra coisa e para outros fins, menos ambiciosos. Dessa forma, entendeu de renovar a ação social do teatro nas crianças através das crianças. [...]
>
> Não se trata apenas da feitura teatral. O de que se trata é da concepção de ordem psicológica em que apoiou a já agora vencedora, de um teatro como contemplação estética para crianças, com todos os seus efeitos de natureza sugestiva.
>
> O que há de ressaltar, antes de tudo, na produção de Lúcia Benedetti, surpreendente por sua força, é a capacidade dessa projeção dramática com poesia. Em outro plano, o fenômeno é o mesmo que o da verdadeira "literatura infantil", não, é claro, o de sua contrafação. Quero dizer, de apresentação estética para fins educativos sem dúvida, e para divertir, sem dúvida também, mas pela emoção criadora que só a obra de arte chega a transmitir. (ibidem, p.2-3)

46 ESTELA NATALINA MANTOVANI BERTOLETTI

Introdução, apresentação e prefácios

Em relação à introdução, à apresentação e aos prefácios a textos *de* e *sobre* literatura infantil e juvenil produzidos por Lourenço Filho, reuni, selecionei e ordenei cinco referências; no entanto, até o momento, foi possível localizar e recuperar apenas três textos: "Prefácio", ao livro *Nuvens choronas* de Luis M.

Nery (1962b), "Um livro básico sobre literatura infantil brasileira", prefácio ao livro *Literatura Infantil Brasileira* – ensaio de preliminares para sua história e suas fontes, de Leonardo Arroyo (1968) e "Apresentação" à tradução brasileira de Aida de Carvalho Bergström, de *A história da árvore de Natal*, da escritora inglesa Hertha Pauli (s. d.(b)).[30]

No "Prefácio", além de fazer uma apreciação sobre o livro *Nuvens choronas* e seu autor, Lourenço Filho (1962b, s.p.) tece considerações teóricas sobre o gênero literário para crianças:

Escrever livros que de qualquer modo divirtam crianças é uma coisa. Como a literatura de gente grande, essas composições requerem espontaneidade, poder sugestivo, força de comunicação poética. [...] a província natal do espírito infantil se povoa de sonhos e fantasias. De fantasia, sim, no que possa a imaginação "recriar", no sentido etimológico dessa palavra, que é "criar de novo", com maior equilíbrio para a vida interior de cada menino ou menina. Não de um fantástico qualquer, grotesco e muitas vezes mórbido, por isso mesmo nocivo às mentes em formação. [...]

Claro que a verdadeira obra literária, para qualquer que seja a idade, não tem o intuito direto de ensinar. Como expressão de arte, seu papel é produzir emoção, possibilitando novas formas de sentir e pensar, equilibrando motivos e modos de compreender, com colaboração do leitor, mesmo quando de um pequenino leitor se trate.

No prefácio "Um livro básico sobre literatura infantil", Lourenço Filho busca conceituar a literatura infantil em sua acepção mais restrita

---

30 Esses textos localizados corroboram a afirmação de Ruy Lourenço Filho (2001) de que centenas de apresentações, introduções e prefácios escritos por Lourenço Filho encontram-se dispersos, possibilitando, a meu ver, inúmeras pesquisas.

LOURENÇO FILHO E LITERATURA INFANTIL E JUVENIL 47

e mais ampla, demonstrando a opção por essa última, por parte do autor do livro prefaciado, Leonardo Arroyo. Lourenço Filho, também, detalha os propósitos e as necessidades da tradição oral da literatura e a função da literatura infantil em desenvolver o "mundo interior" do leitor; aponta possibilidades de pesquisa *sobre* literatura infantil e, ainda aponta, o caráter de reflexão que o livro prefaciado, a seu ver, possibilitava.

Na "Apresentação" ao livro *A árvore de Natal*, Lourenço Filho (s. d.(b)) busca situá-lo em relação a outro livro da mesma autora, publicado em nosso país, e à tradução e adaptação feitas "ao espírito corrente da tradição religiosa no Brasil". Ainda, Lourenço Filho recomenda sua leitura por crianças, jovens e adultos "nos quais não se tenha apagado a chama poética que nos leva a entender os símbolos de fé e de compreensão entre os homens" (ibidem).

Pareceres

Neste tópico, considero os seguintes pareceres: "Parecer a *João Pracinha*" (1959a), "Parecer a *Dona História da Silva*" (1961a) e "Parecer a *Sempre alerta, Rondon*" (1962c), todos de Francisca Rodrigues Gregory; "Parecer a *Simplicidade*" (1960), de Walter Nieble de Freitas; "Parecer a *Clarão da Serra*" (1961b) e "Parecer a *Grotão do café amarelo*" (1963), ambos de Francisco Marins; "Parecer a *Cinguri, o indiozinho*" (1964), de F. Lyra Silva (pseudônimo de autor não identificado); e "Parecer a *Os fósforos mágicos*" (s. d.(a)), de autor não identificado.

No parecer a *João Pracinha*, de Francisca Rodrigues Gregory, Lourenço Filho (1959a) felicita a autora por sua "linguagem natural, viva e atraente", harmonia e graça da composição e, por isso, recomenda o livro para publicação pela Companhia Melhoramentos de São Paulo, tendo enviado os originais à direção daquela editora.

Nesse parecer, Lourenço Filho ressalta que para se escrever para crianças, além de certo gosto poético e capacidade de ligar o real ao imaginário, o autor deveria adequar o texto aos interesses infantis e adaptar à criança o vocabulário e a construção sintática.

48 ESTELA NATALINA MANTOVANI BERTOLETTI

Acreditando no valor literário desse livro, ele sugere "pequenas emendas" – transcritas a lápis na cópia que remeteu à autora –, especialmente no capítulo 2 daquele texto, no qual, a seu ver, a visão de mundo sugeria a falsidade dos adultos em relação às crianças, o que preferiu amenizar.

Há mesmo esta observação quanto à atitude da mãe do menino para com êle: "Coitado! Como estava *sendo traído!*" Basta apontar essa única frase para que a Senhora veja que, realmente, a cena descrita não é feliz, num trabalho para crianças. A infância de hoje já é muito trabalhado (sic) por situações que a levam a desconfiar dos adultos. Não creio que os *livros de recriação,* que lhes dediquemos, devam acentuar essa impressão. (ibidem, grifos do autor)

Ademais, indicou emendas na forma, "para que se evitem certos modismos de linguagem de sabor muito regionalista; ou, então, para que os sentimentos de conflito não se acentuem também" (ibidem). O parecer a Dona *História da Silva,* da mesma autora, apresentou--se um pouco mais negativo que o primeiro, e nele, Lourenço Filho (1961a, s.p.) buscou observar a necessidade de a escritora tornar-se "autora de larga projeção", no sentido de escrever conciliando a expressão artística com os "interesses naturais" das editoras, pois "O desejo de todo autor é que sua obra seja difundida; o desejo do editor é vender o livro em larga escala".

Assim, embora tenha tecido muitos elogios ao estilo de Francisca Gregory, Lourenço Filho advertiu-a sobre a necessidade de adequação entre "tema e apresentação do tema" para a mesma faixa etária, uma vez que

Para que o livro atenda a esses interesses comuns, será necessário, antes de tudo, que se escreva para uma clientela *definida.* Praticamente isso se define por *faixa de idades.* Há composições que satisfazem crianças de 6 a 8 anos; outras, de 9 a 11/12 anos; outras, de 12 a 14. Vem por fim a literatura juvenil, ou própria para adolescentes. Para cada uma dessas faixas de idades, importará a escolha do tema de modo a atender os interesses naturais das crianças e jovens mais ou menos amadurecidos, e, na consequência, da feitura geral da obra, extensão, tratamento lógico e recursos de linguagem, especialmente de vocabulário. (ibidem, grifos do autor)

LOURENÇO FILHO E LITERATURA INFANTIL E JUVENIL 49

O tema e o tratamento dado a ele, segundo o parecerista, não se adequava à "faixa de idades" a que se destinava, naquele livro. O trecho que segue corrobora o ponto de vista de Lourenço Filho:

a montagem da história é para faixa de 9/11 anos, ao passo que o assunto central é para idades mais avançadas. Muitos trechos que nos parecem absolutamente claros (para nós, adultos), serão pouco percebidos pelas crianças. Ao contrário, para os adolescentes que possam compreender a intenção geral, a narrativa parecerá ingênua demais. Se a matéria informativa se referisse a assuntos já do conhecimento, embora rudimentar das crianças, história pátria, por exemplo, já não haveria dificuldade, ou tanta dificuldade de compreensão. (ibidem)

Ressaltando a falta de interesse comercial que essa inadequação acarreta, Lourenço Filho aproveitou para fazer observações de caráter geral do livro, segundo critérios de editores e, especialmente, da Companhia Melhoramentos, como os que seguem: nos livros recreativos infantis, não se deve reproduzir "o modo de falar errado" das pessoas, nem tampouco ressaltar aspectos de raça ou cor de personagens que possam alimentar preconceitos; não devem figurar nos livros infantis referências a dotes físicos; nem podem prescindir de glossários; e os livros devem se adequar às séries ou coleções, destinadas às "faixas de idade" da criança, com número de páginas, temas e linguagem próprios ou adequados a essas "faixas".

Ao livro *Sempre alerta, Rondon*, o parecer de Lourenço Filho (1962c, s.p.) foi favorável, fazendo ressalvas apenas à técnica adotada pelo ilustrador que, segundo ele, "não é a mais recomendável para crianças".

O parecer de Lourenço Filho (1960) à 3ª edição do livro *Simplicidade*, de Walter Nieble de Freitas, foi solicitado pelo autor, por meio de uma carta a que Lourenço Filho respondeu particularmente. Em sua resposta, Lourenço Filho felicitou Walter Nieble de Freitas pelos pareceres que apreciavam seu livro, divulgados na 2ª edição, acrescentando, no entanto, que o autor demonstrava muita preocupação em simplificar os textos e por isso "retira-lhes muito do cunho sugestivo ou verdadeiramente poético" (ibidem).

50 ESTELA NATALINA MANTOVANI BERTOLETTI

Em vista disso, Lourenço Filho ensinou ao autor de *Simplicidade* que o pensamento infantil desenvolve-se num clima de imagens e fantasia, significando que "as formas naturais de expressão e compreensão na criança são animadas de poder inventivo, em que as imagens, comparações e alegorias com frequência se sucedem" (ibidem); assim a simplificação demasiada prejudicaria a escolha dos temas e o tratamento dado a eles.

Continuando, Lourenço Filho aconselhou a exclusão de umas das poesias que compunham o livro, intitulada "Essa, não!", porque nela se evidenciava, segundo ele, ausência de sentido poético, e aconselhou também a experimentação pelo autor, em futuras composições, de temas não propriamente didáticos. De qualquer modo, Lourenço Filho emitiu o parecer solicitado para a 3ª edição, o qual segue reproduzido na íntegra:

É difícil escrever para crianças. Mais ainda, fazê-lo em versos, quando deles se retire a alma das palavras, o valor sugestivo da frase, a harmonia do conjunto. Para que assim não aconteça, há de o autor compreender a alma infantil, possuir o domínio da forma poética e da plasticidade do estilo.

Tudo isso teve em mente, por certo, o professor Walter Nieble de Freitas, no belo volume "Simplicidade". O título da coletânea sugere os temas tratados e a técnica que emprega. A julgar pelas duas edições que já teve o livro e os pareceres de competentes professores paulistas, esse trabalho vem correspondendo aos seus objetivos nas escolas primárias.

Penso que mais ainda se poderá esperar do ilustre educador, em futuras edições desse livro e em outros, com que esperamos venha a enriquecer o difícil gênero a que com tanto esmero se dedica. (ibidem)

No parecer solicitado, em 1961, por Francisco Marins ao livro *Clarão da Serra*, Lourenço Filho (1961b) felicitou o autor pelo excelente trabalho realizado no livro, quer pelo tema e estrutura, quer pelo aproveitamento dos efeitos regionais de linguagem, comparando-o com "obras" de igual sentido, como a de José Lins do Rego e Guimarães Rosa. Para Lourenço Filho, no entanto, o livro de Marins encontrou nele maior repercussão em virtude de sua condição de paulista.

LOURENÇO FILHO E LITERATURA INFANTIL E JUVENIL 51

Lourenço Filho, porém, sugeriu ao autor um possível "polimento" no livro, para maior harmonia e equilíbrio geral, aconselhando a retirada de minúcias ou expressões redundantes que enfraqueciam o estilo ou a força do narrador sobre o leitor, especialmente na terceira parte do livro. Mesmo assim, Lourenço Filho assegurou que essa apreciação final somente podia ser feita pelo autor, "pois algumas delas podem ter uma intenção oculta, que o crítico não perceba" (ibidem). Nesse parecer composto em forma de carta, Lourenço Filho prometeu a Marins, depois da publicação do livro, um artigo crítico sobre *Clarão da Serra,* o que concretizou em 1962.

Em 1963, por meio de duas cartas, Lourenço Filho enviou seu parecer ao livro *Grotão do café amarelo,* de Francisco Marins. Na primeira carta, de 25 de agosto, Lourenço Filho teceu sua apreciação sobre 130 páginas a ele enviadas, ressaltando a boa impressão geral que teve com esse livro, no qual se mantinham as mesmas qualidades de *Clarão da Serra.*

Ressaltou, no entanto, a necessidade de algumas retificações na estrutura e na linguagem, a seguir reproduzidas:

Quanto à *estrutura,* peço sua atenção para os seguintes pontos:

a) o episódio da pág. 4 fica muito abruptamente cortado, pois o seu seguimento, ou resolução, só vai aparecer na pág. 106. Isso dá ao leitor uma impressão menos satisfatória, que poderá ser evitada se na pág. 4 acrescentar três ou quatro linhas, mais ou menos como as que vão sugeridas a lápis. Com isso, o leitor poderá entender melhor tudo o mais que se segue, compreendendo também que o casa de Belinha (como se diz nas receitas culinárias), fica de *reserva.* Importante, mas só a juntar-se quando a massa estiver crescida...

b) o episódio *da onça* está um pouco longo demais, pois é alguma simplesmente acidental, o que passa a figurar quase como principal. Veja se poderá comprimir um pouco, ou aliviar certos incidentes.

c) Penso que a transcrição do diário de Maria Amélia, pág. 22, sôa como falso. Ademais, é a única transcrição, e, nas aperturas e fadigas em que ela se viu, não é verossímil que se ocupasse em escrever impressões. A narrativa em discurso indireto, com menção a recordações e propósitos da jovem esposa, talvez fique melhor. Examino.

Quanto à *linguagem:*
Fiz várias sugestões a lápis, além das do Prof. Fleury, que considero muito boas. Logo na 1ª página, lembro que sereno *não cai.* Será melhor dizer, simplesmente, o sereno *era frio.* Também aí, como em outros pontos, por vezes sugiro algumas inversões de frases, e fragmentação de períodos, além da abertura de novos parágrafos. Também sugiro, no correr do texto, não em muitos casos, a substituição de algumas expressões que, a meu ver, não poderiam ser usadas pelos homens do tempo: "optar por", "tomar um líquido", "áreas de cultura", "subir para o planalto", "sondagem", "líder". Verifique.

Igualmente não me parece que os homens do tempo pudessem falar na "situação económica da nação", ou coisa semelhante. Aí não emendei, mas sugiro-lhe que troque essa expressão por "situação geral dos negócios", por exemplo. (Lourenço Filho, 1963, s.p., grifos do autor)

Na segunda carta, de 23 de setembro do mesmo ano, Lourenço Filho, de posse do texto completo de *Grotão do café amarelo,* completou seu parecer ratificando a boa impressão que tivera antes, agora do conjunto. Do mesmo modo, também evidenciou sua apreciação, observando os seguintes aspectos:

Fiz apenas algumas anotações a lápis, sugerindo-lhe, quase sempre o corte de alguns adjetivos, ou mesmo de algumas clausulas circunstanciais. Uma sua releitura talvez possa, com essa mesma orientação, cortar um pouquinho mais... É que, nalguns pontos, a narrativa *está explicada demais.* Será preciso deixar nela simples sugestões para que o leitor as complete com sua própria imaginação.

Claro que esta questão é muito pessoal em cada autor, mesmo porque ele pode ter intenções diversas no escrever. Proust, por exemplo, num de seus romances, enche duas ou três páginas apenas com as impressões que a uma personagem provocou uma mancha de papel da parede... O que lhe desejo pedir é que veja que há algumas cenas com minúcias demasiadas, ou mesmo com enumerações que poderiam ser retiradas sem prejuízo. Por exemplo: na pág. 15 (parte anterior) há uma enumeração do nome das flores, logo seguida de outra de cheiros, ou temperos... Penso que a primeira dessas enumerações poderia sair, com vantagens.

LOURENÇO FILHO E LITERATURA INFANTIL E JUVENIL 53

Sobretudo quando escrevemos fatigados (parece paradoxal a afirmação) escrevemos demasiadamente. Claro que terá escrito algumas páginas um pouco cansado, e o próprio estilo o reflete. *Olho* nesses pontos!... como dizem os espanhóis. Agora, uma simples curiosidade. Acho que aproveitou bem a presença de Vital Brasil. Mas, segundo penso, quando êle foi para São Paulo, não recomeçou aí o trabalho no Butantã. Creio que trabalhou numa instalação provisória: a rua da Consolação. Ou não teria sido assim... A questão, é claro, não tem maior importância, mas [ilegível] possa ser esclarecida. (idem, 1963b, n.p., grifos do autor)

O parecer de Lourenço Filho a *Cinguri, o indiozinho*, de 1964, de F. Lyra Silva, versou não somente sobre a história, mas também sobre a possibilidade de adaptação do texto em disco. Quanto a este último aspecto, Lourenço Filho manifestou-se favoravelmente; no entanto, foi contrário à sua utilização por crianças do jardim de infância, em razão da complexidade da história, mais apropriada, segundo ele, a crianças do 3º ou 4º ano da escola primária.

Quanto à história, Lourenço Filho destacou haver naquele livro requisitos fundamentais em bons trabalhos de literatura infantil, como: ação viva e bem estruturada, boa linguagem e excelente dialogação. Atentou, porém, para a existência de situações que causavam sentimento de horror.

Até pelo menos à idade de 10 anos, histórias com esses conteúdos não parecem adequadas. Estudos especiais sobre situações que inspirem sentimento de medo e terror mostram que essa prática não é salutar. Ainda para crianças maiores, as referencias a situações como essas devem ser atenuadas. Aí está, pois, um problema a examinar. (Lourenço Filho, 1964, s.p.)

No parecer a *Os fósforos mágicos*, de autor não identificado, Lourenço Filho buscou traçar uma série de considerações sobre a composição literária, enumeradas em 12 tópicos. Nessas considerações, evidenciou as qualidades do autor, mas ressaltou os seguintes aspectos:

54 ESTELA NATALINA MANTOVANI BERTOLETTI

3. Em primeiro lugar, quando se escreve para crianças, deve-se verificar qual a faixa de idades a que a composição seja destinada. Entre 7 e 9 anos, há um nível; entre 10 e 11, outro, e daí por diante, outro ainda. Isso para não falar de historietas que se preparem para serem lidas a crianças de idades mais baixas.

4. Pois bem. Com relação a cada nível, há de se considerar a linguagem, o assunto e a estrutura geral da narrativa.

5. Quanto à linguagem, será preciso ter em mente o vocabulário e a construção sintática. As palavras usadas devem ser do vocabulário natural de cada idade, quer dizer do conjunto de palavras e expressões usuais no nível de desenvolvimento correspondente. Devem-se evitar, porém, os modismos infantis, as palavras de gíria e os regionalismos. Linguagem simples, natural, correntia.

6. Quanto aos assuntos, será preciso considerar os interesses das idades, as tendências e preferências de cada fase evolutiva. Crianças de todas as idades (como todos os adultos) gostam de coisas de imaginação, mas será preciso que haja um justo equilíbrio entre as cenas reais que se descrevam e a criação fantástica. O fantástico deve ser usado para comunicar à narrativa poder simbólico, através de expressão poética. Quando dele se abuse, a história não agrada às crianças.

7. Quanto à estrutura, ou plano da história, deve-se atender também aos recursos de cada idade. Há assuntos que podem servir a diferentes idades, dependendo da estrutura e tratamento geral. Em cada caso, será preciso utilizar convenientemente de certos recursos: dialogação, notas descritivas, pequenas digressões. De modo geral, as crianças apreciam ação direta, narrativas movimentadas, com certa surpresa. Condenam-se, porém, efeitos de terror ou cenas que causem medo, e, igualmente, tudo quanto pareça de mau gosto. O andamento da narrativa tem grande importância. Será preciso que as personagens não sejam muito numerosas ou que não se atropelem umas às outras.

8. Ligada ao assunto e ao tratamento, está a questão do propósito ou intenção da história. Se a intenção é leitura recreativa, claro que a intenção geral será divertir, dando gosto pela leitura e pela boa linguagem. Deve-se afastar a ideia de que os contos infantis devam ter sempre uma moralidade expressa ou que ensinem alguma coisa. A criança logo percebe essa intenção e se aborrece. O que atrai a criança é o fato de possuir o texto uma mensagem implícita, que a leve a refletir e a concluir por si, não uma moralidade expressa. [...]

LOURENÇO FILHO E LITERATURA INFANTIL E JUVENIL 55

10. Para escrever bem trabalhos de literatura infantil será preciso, em primeiro lugar, conhecer e compreender as crianças; em segundo lugar, saber usar de sua própria linguagem, narrando com naturalidade, graça e harmonia; por último, não estar preocupado em ensinar nada, senão o bom gosto, a elevação geral dos sentimentos, o equilíbrio emocional. (Lourenço Filho, s. d.(a), s.p.)

Por fim, aconselhou ao autor do livro que procurasse escrever muito, desenvolvendo o poder de autocrítica para atender aos interesses das crianças, e não dos adultos, e também que buscasse ler bastante, livros de literatura infantil incluídos, de autores como Arnaldo de Oliveira Barreto, Viriato Corrêa, Francisco Marins, Renato Fleury e Lucia Benedetti, cânones da literatura infantil, para Lourenço Filho.

Como se pôde perceber, o conteúdo dos pareceres de Lourenço Filho aqui sintetizados constitui "lições de produção literária para crianças", pois nesses pareceres ele não apenas julgava os trabalhos em apreciação, como também discorria sobre aspectos teóricos da literatura infantil; nos textos dos autores, corrigia e fazia sugestões de mudanças. É importante ressaltar que, nessas mudanças, o autor não se pautava por um critério único para apreciação dos livros, o que leva a reconhecer que, a meu ver, critérios paradoxais eram levados em conta quando Lourenço Filho avaliava os trabalhos: educacionais e literários, psicológicos e estéticos, mediados por critérios editoriais.

O presidente da Comissão Nacional de Literatura Infantil

Conforme já informado, Lourenço Filho foi presidente da Comissão Nacional de Literatura Infantil (CNLI)[31] no ano de sua criação, 1936, e no ano seguinte, 1937. Durante esse período, juntamente com Murilo Mendes, Maria Eugenia Celso, Elvira Nizinska, Manuel Ban-

---

31 Daqui para a frente, sempre que me referir à Comissão Nacional de Literatura Infantil, ora utilizarei a denominação completa, ora apenas Comissão, ora a sigla CNLI, criada por mim.

deira e Jorge de Lima, organizou, delimitou e selecionou a produção de literatura infantil da época, produzindo a partir daí o que pode ser considerado o início de uma teoria da literatura infantil brasileira.

A CNLI foi criada em 1936 pelo então ministro da Educação e Saúde Gustavo Capanema, após homenagem a Edmundo De Amicis, autor de *Cuore* (1886).[32] O artigo "Palavras de quem tem uma creança", de Maria Eugenia Celso, publicado no *Correio da Manhã*, em 10 de maio de 1936, registra e avalia a iniciativa:[33]

> Commemorando, há cerca de mez e meio, o anniversario da morte de Edmundo de Amicis, teve o ministro Gustavo Capanema a feliz lembrança de o fazer da mais original, da mais proveitosa das maneiras.
>
> Não encommendou a literatos e críticos profissionaes o clássico estuda da vida e obra do autor de "Coração", nem sequer exigiu que das suas paginas famosas se fornecesse ao publico nenhum erudito e substancioso commentario.
>
> Aproveitando apenas o alto ensinamento que, para gerações e gerações de creanças, tem sido este grande livro, convidou um grupo de homens de letras e professores a em singela e expressiva homenagem a quem tão nobre lições de civismo soube dar aos meninos de sua terra, cuidar do empolgante problema da literatura infantil.
>
> A sessão realizou-se no salão nobre da Escola Nacional de Bellas Artes e, pela excellencia das opiniões expendidas e a opportunidade das ideas suggeridas redundou numa tarde verdadeiramente educacional, o que quer dizer, pródiga de conceitos eficazes, e geradora, por certo, de úteis iniciativas. (Celso, 1936, s.p.)

Ligada ao Ministério da Educação e Saúde, portanto, a Comissão foi instalada no Rio de Janeiro e reuniu-se pela primeira vez

---

32 *Cuore*, do escritor italiano Edmundo De Amicis, foi um livro bastante difundido no Brasil, especialmente no final do século XIX e início do século XX, em razão das várias traduções que teve em nosso país, sendo a de maior aceitação a de João Ribeiro, de 1891, sob o título *Coração*. A respeito desse livro e de suas traduções, ver, especialmente, Lajolo; Zilberman (1991).

33 Embora esse artigo tenha sido publicado no referido jornal, a versão que utilizo é a do texto original, manuscrito.

LOURENÇO FILHO E LITERATURA INFANTIL E JUVENIL   57

naquele ano[34] para discutir e elaborar seu plano de ação, possível de ser visualizado no esquema do primeiro "Boletim da Comissão de Literatura Infantil".

O referido "Boletim", manuscrito por Murilo Mendes, secretário da Comissão, deixa clara a intenção opinativa, de intervenção e de produção de teses *sobre* literatura infantil idealizada pelos membros da Comissão para a literatura infantil, além do planejamento de criação de prêmios e concursos e estabelecimento de ficha-padrão para crítica dos livros infantis. Tudo isso norteado por um "Plano de ação de conjunto dos Estados do Brasil" com "Teses sem ideologia política [...]" (Brasil, [1936a], s. p.).

Nesse "Boletim" são arrolados, dentre outros, os seguintes aspectos a serem considerados pela CNLI:

Definição de literatura infantil. Classificação de géneros relativamente às idades.
Raio de ação da literatura infantil.
Meios de estímulo e desenvolvimento da literatura infantil no Brasil.
O carater opinativo da Comissão.
Intervenção junto aos jornais e radio.
Criação de prémios e concursos.
Criação de uma ficha padrão para exame e juízo dos livros. (ibidem)

Essas preocupações demonstradas pela Comissão Nacional de Literatura Infantil atestam a falta de uma teoria mais sistematizada *sobre* literatura infantil, à época. Além disso, deixam entrever a influência de seu presidente, Lourenço Filho, que, com o prestígio alcançado e a experiência acumulada até então em seus estudos e pesquisas sobre livros e leitura e também em sua atuação como consultor editorial da Companhia Melhoramentos, encaminhou, de acordo com suas preocupações, as considerações elencadas no "Boletim", para a organização, delimitação e seleção da literatura infantil então produzida em nosso país.

---

34 As reuniões da CNLI aconteciam às quartas-feiras, às 17 horas, no prédio do Ministério da Educação e Saúde (Brasil, 1936).

58   ESTELA NATALINA MANTOVANI BERTOLETTI

Em vista disso, os membros da Comissão passaram a discutir e buscaram organizar aspectos teóricos da literatura infantil em textos datilografados e manuscritos que circulavam nas reuniões.[35] Busquei sintetizar, em ordem cronológica, o conteúdo de alguns textos produzidos pelo membros da CNLI que circularam em suas reuniões, delimitando, definindo e/ou classificando a literatura infantil.

O primeiro desses textos, datado de 7 de maio de 1936 e intitulado "Literatura Infantil", é endereçado ao ministro da Educação e Saúde, Gustavo Capanema. Ressaltando o "peso" da leitura sobre o futuro da criança, nele sugere-se que o governo federal abra e patrocine uma casa editora, de modo a "espalhar edições populares de bons livros infantis, pois somente as crianças de famílias abastadas podem no Brasil adquirir livros, devido ao alto preço dos mesmos" (ibidem).

Nesse texto, a Comissão busca problematizar a literatura infantil, comparando-a à "literatura para adultos", além de indicar a existência de livros não escritos para crianças que fazem parte da literatura infantil e de livros escritos por crianças que aumentariam muito o alcance do que é literatura infantil.

No texto, ainda, a CNLI demonstra a preocupação em distinguir literatura infantil do "sector didáctico", de livros "propriamente técnicos" e aponta o entrave do gênero em utilizar "uma falsa e inábil exploração do mundo imaginário, conduzindo muitas vezes a criança (sobretudo na 1ª infância) a reações psicológicas que devem ser evitadas, como as de medo" (ibidem), além de criticar o aspecto moralizante de alguns livros "em prejuízo da poesia da vida" (ibidem).

A Comissão se manifesta, ainda, no texto sobre a dificuldade de utilização de um critério único para classificação do gênero segundo as idades, por causa das diferenças geográficas, pessoais, morais e materiais que cercam cada criança.

Em segundo texto, também de 7 de maio de 1936, intitulado "Literatura infantil – sua delimitação", Elvira Nizinska da Silva (1936) aponta que, para se delimitar o gênero, deve-se considerar a finalidade

---

35 Muitos textos de membros da CNLI foram publicados em *O jornal* (Rio de Janeiro), em 1936 (Lourenço Filho, 1943c).

da literatura na vida da criança. Assim, segundo a autora, não se deve somente conhecer o gosto da criança, mas observar em que sentido esse gosto deve ser cultivado e dirigido, despertando interesses sociais que tenham como fundamento tal gosto natural.

Desse modo, para Silva (1936), a literatura tem, como caráter essencial, o recreativo, porém ela pode enriquecer a experiência da criança, pois, dialogando com essa experiência, a literatura infantil "pode despertar e aperfeiçoar qualidades morais, artísticas; pode influir para convenientes atitudes em relação aos problemas sociais, históricos e científicos; pode aperfeiçoar e enriquecer as formas de linguagem e pode, até, proporcionar informações".

Para isso, Silva (1936) enfatiza a necessidade da "beleza de forma" dos livros infantis e separa o livro didático e o livro de leitura dos livros de literatura infantil, ressalvando que, nos livros de leitura, há alguns que podem ser considerados como literatura infantil, "desde que a sua feitura material seja melhorada".

Em um outro texto intitulado "Tipos de literatura infantil" e datado também de 7 de maio de 1936, Elvira Nizinska da Silva (1936c) indica a necessidade de cuidadosos estudos de "fundo" e "forma" dos livros infantis, para posterior classificação segundo as idades da criança.

Literatura infantil e ideologia, datado de 29 de julho de 1936, é de autoria de Murilo Mendes (1936a), para quem as ideias de pátria e de família são necessárias ao desenvolvimento das sociedades. No entanto, o autor assegura que excessivas exaltações do conceito de pátria podem degenerar um nacionalismo "estreito e feroz".

Assim, em seu nome, Mendes (1936a) afirma vetar todos os livros que levem às crianças a "doutrina comunista", que preguem a divisão do Brasil, incitando lutas regionalistas, que façam apologia dos governos totalitários e ditatoriais ou que insinuem o ateísmo.

Elvira Nizinska da Silva (1936b) também escreveu o texto *O nacionalismo e a literatura infantil*, datado de 5 de agosto de 1936. Para a autora, a literatura infantil, além de recrear, tem um alcance educativo e, por isso, a natureza brasileira "pode e deve ser o fundo, o cenário para as nossas historias..." (ibidem) para o alcance do nacionalismo. No entanto, o "alcance real" desse tema na literatura infantil, para Silva

60 ESTELA NATALINA MANTOVANI BERTOLETTI

(1936b), carece de uma boa dose de talento do escritor que necessita de um poder extraordinário de emoção e penetração, sendo raras as obras nacionalistas, de valor real.

Lourenço Filho, por sua vez, concentrou seus esforços em tematizar a questão da linguagem na literatura infantil. Desse modo, no texto "Literatura infantil e linguagem", Lourenço Filho (s. d.(d)) salienta que a linguagem tem uma dupla função, a de significar e a de informar, de um lado, e a de sugerir e criar, de outro. Para o domínio desta última, segundo ele, o homem necessita dos recursos da arte, e é dessa função que se nutre a literatura infantil.

Para o autor, a literatura infantil existe para "exaltar ou sofrear o espirito, para liberta-lo e conduzi-lo" (ibidem) e somente como sugestão e criação a linguagem pode diferenciar o pensamento, "colorindo diversamente as ideias, com os nossos próprios anseios e desejos" (ibidem) e assim incutir princípios de direção comum do sentir e do pensar.

Esses textos, por um lado, dão mostra do esforço dos membros da Comissão Nacional de Literatura Infantil em iniciar o delineamento de uma teoria para a literatura infantil e, por outro, apontam para a gênese do pensamento de Lourenço Filho especificamente sobre esse gênero.

As discussões em torno das ideias expostas nesses textos serviram de base para a continuidade dos trabalhos da CNLI, como a elaboração de listas de livros recomendados para tradução e adaptação e a criação de fichas-padrão para o julgamento dos livros publicados no Brasil para a leitura de crianças, a fim de ampliar, melhorar e avaliar o acervo da literatura infantil produzida à época e divulgada no Brasil.

As listas eram apresentadas por membros da Comissão[36] e discutidas nas reuniões, visando obter uma única relação de livros, como a de 20 livros de contos, biografias e romances franceses, ingleses e americanos, "que poderão ser traduzidos ou adaptados para crianças entre 8 e 14 anos" (Brasil, [1936b], s. p.).

Além disso, para divulgação, estímulo e desenvolvimento da literatura infantil, a CNLI planejou a elaboração de um jornal ou

---

36 Tive acesso apenas à lista apresentada por Manuel Bandeira contendo um total de 31 indicações de livros ingleses, holandeses, russos, franceses, suecos e espanhóis.

revista infantil na reunião de 21 de maio de 1936.[40] No esboço desse plano determinou-se que esse jornal ou revista deveria ser educativo e recreativo, com linguagem adaptada à realidade. Assim, de formato cômodo e leve, com poucas, mas boas ilustrações, a revista ou jornal infantil deveria conter matérias sobre esporte, cinema, artes plásticas, jogos, divertimentos, anedotas, peças teatrais, "lições de coisas" e histórias de crianças célebres, reguladas por senso das realidades sociais, estímulo ao amor às artes e às letras, equilíbrio nacionalista e compreensão social do amor ao próximo. A revista ou jornal deveria, também, estabelecer concursos e proporcionar o julgamento dos trabalhos feitos por crianças, por outras crianças.

Buscando interferir nos meios de comunicação, assim como divulgar seus trabalhos, a CNLI entrou em contato com a Associação Brasileira de Imprensa, a Confederação Brasileira de Radio Difusão e o Instituto Nacional de Cinema Educativo. As três instituições colocaram-se à disposição da Comissão, contribuindo com a divulgação de suas opiniões, com a ampliação de seu raio de ação, com o estímulo e desenvolvimento da literatura infantil no Brasil.

Os trechos dos ofícios que seguem comprovam a autorização das três instituições para as contribuições mencionadas aqui:

> Tenho em meu poder o officio que a Comissão de Literatura Infantil me enviou, assignado por V.S. e outros grandes nomes da pedagogia nacional. Diante da importância do assumpto, desde logo designei o meu brilhante confrade Sr. Pinheiro de Lemos para se entender com a Commissão e tenho certeza de que a sua collaboração será das mais úteis. Depois do relatório do representante da A.B.I. designarei uma commissão, caso seja necessário, para colaborar na obra de V.S. (Associação Brasileira de Imprensa, 1936, s.p.)

> Em resposta ao vosso oficio s/n, de 15 de Julho p.findo, tenho a satisfação de comunicar-vos que o Conselho Diretor, em sessão ontem realizada, autorizou o Sr. Dr. Agenor Augusto de Miranda, Presidente desta Confederação, a aceitar o vosso honroso convite para um entendimento a respeito da organização de programas radiofónicos destinados ás crianças. (Confederação Brasileira de Rádio Difusão, 1936, s.p.)

De ordem do Snr. Director, tenho o prazer de communicar-lhe que foram reservados 10 minutos das irradiações da PRA 2 do Ministério da Educação para as irradiações da Comissão de Litteratura Infantil. (Instituto Nacional de Cinema Educativo, 1936, s.p.)

Os trabalhos da Comissão continuavam a "todo vapor", e, como já afirmado, a criação de uma fícha-padrão que servisse de referência para a crítica literária ocupou grande parte das reflexões de seus membros. Na reunião de 4 de junho de 1936, José Lins do Rego, Murilo Mendes, Manuel Bandeira, Cecília Meireles, Elvira Nizinska da Silva e Lourenço Filho apresentaram esquemas de uma fícha-padrão para julgamento e classificação dos livros infantis.

A apreciação geral, manuscrita por Murilo Mendes no *Comentário aos squemas de uma ficha padrão*, apontou a convergência entre os membros da CNLI quanto ao modo de encarar a questão, apostando na "tendência convergente que facilitará o acordo para a fixação de um critério básico" (Mendes, 1936b, s.p). Nesse "Comentário", Murilo Mendes avaliou o trabalho de Lourenço Filho como o mais detalhado de todos, embora considerasse que a divisão por faixa etária proposta por ele devesse sofrer alterações, o que não ocorreu e acabou sendo o critério para o concurso de livros, como se verá mais adiante.

O estabelecimento de uma ficha-padrão possibilitou à CNLI o julgamento dos vários títulos originais e adaptados que passaram a compor o "acervo da literatura infantil brasileira", sob aprovação da Comissão. Assim, fixando em 100 o número máximo de pontos que um livro poderia receber, a Comissão passou a divulgar pela imprensa títulos de livros recomendados à leitura de crianças, como os listados a seguir:

- *Memórias de Emília, Dom Quixote das crianças* e *Fábulas,* de Monteiro Lobato;
- *Meu torrão, História do Brasil para crianças,* de Viriato Corrêa;
- *Era uma vez,* de Viriato Corrêa, em colaboração com João do Rio;
- *Contos do país das fadas,* de Gondim da Fonseca;
- *Lendas dos nossos índios,* de C. Brandenburger;
- *Uma história verdadeira,* de Olga Ferraz Kehl,

LOURENÇO FILHO E LITERATURA INFANTIL E JUVENIL 63

- *História de matto virgem*, de Paulo Ribeiro de Magalhães;
- *Histórias de Pai João*, de Érico Veríssimo;
- *Novellas infantis*, de L. Contreras;
- *Pinocchio*, de Collodi, traduzido por Mary Baxter Lee;
- *Pinocchio na Africa*, de Cherubini, traduzido por Mary Baxter Lee;
- *A ilha do tesouro*, de R. S. Stevenson, traduzido por Pepita de Leão;
- *Heidi*, de Joam Spiri, traduzido por Pepita de Leão;
- *Faísca e Maneco*, de Laboulaye, traduzido por Haidée Isac N. Lima;
- *Contos Orientaes*, de G. Hanff, traduzido por Lina Hirah;
- *A árvore*, de Júlia Lopes de Almeida;
- *Contos de Andersen* e *Novos contos de Grimm*, traduzidos por Monteiro Lobato.

Nos meses de janeiro e fevereiro de 1937, Lourenço Filho teve a oportunidade de realizar viagens aos Estados Unidos, Itália, Alemanha e França, e conhecer de perto a literatura infantil produzida na América do Norte e na Europa, relatando suas impressões[41] sobre o tema aos membros da Comissão, na sessão do dia 24 de fevereiro de 1937.

Em fins de 1936, buscando fomentar a produção de literatura infantil, no Brasil, a CNLI lançou um concurso de livros infantis, cujo edital distinguia três categorias: 1ª categoria – livros para crianças até sete anos; 2ª categoria – livros para crianças entre oito e dez anos; 3ª categoria – livros para crianças com mais de dez anos.[37] Estabelecia, ainda, dentre outros, o prazo de inscrição até 28 de fevereiro de 1937 e a necessidade da utilização de um pseudônimo para os autores.

O julgamento e apreciação dos livros foi minucioso e ocorreu durante vários dias do mês de março de 1937, havendo a Comissão, após rigorosa avaliação, chegado ao seguinte resultado, no mês de abril daquele ano:

1ª categoria:
1º lugar: *O circo*, de Santa Rosa;
2º lugar: *O tatu e o macaco*, de Luís Jardim;
3º lugar: *Carnaubeira*, de Paulo Werneck e Margarida Estrela.

---

37 Essa divisão obedecia à ficha-padrão proposta por Lourenço Filho, na reunião de 4 de junho de 1936, como informado anteriormente.

64   ESTELA NATALINA MANTOVANI BERTOLETTI

2ª categoria:

1° lugar: *Fada Menina,* de Lúcia Miguel Pereira (pseudônimo: Vera Mendonça);

2° lugar: *A casa das três rolinhas,* de Marques Rebelo e Arnaldo Tabaya (pseudônimo: Carlos Henrique);

3° lugar: *A terra dos meninos pelados,* de Graciliano Ramos (pseudônimo: L. Silva).

3ª categoria:

1° lugar: *O boi Aruá,* de Luís Jardim (pseudônimo: J. R. Alvez);

2° lugar: *As aventuras de Tibicuera,* de Érico Veríssimo (pseudônimo: Tio Luiz);

3° lugar: *A grande aventura de Luiz e Eduardo,* de Ester Costa Lima (pseudônimo: Macacaporanga).

A apreciação final da Comissão sobre os livros da 2ª e 3ª[38] categorias foi explicitada nos fragmentos sem indicação de autoria que seguem:

"A Casa das Três Rolinhas" compõe-se de histórias de animais em situações muito comuns à vida humana. Algumas representam charges a acontecimentos muito recentes: não serão porém compreendidas pelas crianças na sua verdadeira significação e apenas tomadas como fantasias, aliás bem interessantes. A primeira e ultima historias são ótimas e se todas as outras se lhe aproximassem, o livro poderia ser considerado muito bom. (Brasil, 1937a, s.p.)

"A Fada Menina" e "Na Terra dos Meninos Pelados" são livros feitos com a finalidade de satisfazer às exigências do maravilhoso nessa idade. São fantasias deliciosas. Exploram situações provenientes da fuga à realidade para um país maravilhoso que imaginam as crianças e no qual vivem as suas horas de quietude e de monotonia da vida de todos os dias. O primeiro deles se ressente da falta de capítulos, tornando-se um pouco massudo para crianças da idade a que se destina. (Brasil, 1937b, s.p.)

---

38 Não obtive documentos que apreciassem os livros da primeira categoria, tampouco informações a respeito dos pseudônimos adotados pelos autores. O estudo desses e dos outros livros premiados no concurso de 1936 é uma lacuna a se preencher na história da literatura infantil brasileira.

[...]

Dos livros de folclore apresentados, "O Boi Aruá" é o melhor; se suas histórias não são resultado de pesquisas folclóricas do próprio autor, têm o valor de serem inéditas para as crianças. Há muitas expressões regionais que dão maior mérito literário ao livro. "As Aventuras de Tibicuera" são episódios da Historia do Brasil apresentados de maneira originalíssima. O autor poderia ter suprimido certos fatos, sem prejuízo do todo. O quadro sinotico que completa o livro destoa do conjunto: seria conveniente retira-lo para não causar impressão desfavorável às crianças e tirar o caráter didatico. "A Grande Aventura de Eduardo e Luiz" é um livro de aventuras, de argumento muito bem imaginado. Do meio para o fim é um otimo livro e o autor revela qualidades extraordinárias de narrador. A primeira parte, porem, peca pela prolixidade das informações de natureza didática e abuso de termos técnicos. Não fora isso e seria um livro digno de hombrear com "Ilha do Tesouro" de Stevenson. (ibidem)

A Comissão passou a ser reconhecida e a servir de referência para a produção e aprovação dos livros para as crianças brasileiras. A reprodução do ofício que segue, assinado pelo escritor Marques Rebelo e o ilustrador Santa Rosa, datado de 19 de maio de 1937, exemplifica a afirmação:

Os abaixo assignados, autores de "A B C de João e Maria" – annexo á presente – desejariam conhecer a opinião dessa Commissão sobre o trabalho. Foi moldado dentro dos mais modernos ensinamentos pedagógicos, orientados, a principio, pelo Professor Venâncio Filho, e com o auxílio de vario material extrangeiro sobre o assumpto. Esperando que satisfaça plenamente as condições de um bom ABC para a meninada brasileira, pediremos que, caso fosse approvado, merecesse uma acta de approvação e a licença de collocar na capa, em lugar já reservado no original, os seguinte dizeres: Approvado pela Commissão de Literatura Infantil do Ministério da Educação. (Rebelo; Santa Rosa, 1937, s.p.)

A resposta ao ofício reproduzido, por sua vez, datado de 20 de maio de 1937, atesta o compromisso da Comissão com a delimitação da literatura infantil.

66 ESTELA NATALINA MANTOVANI BERTOLETTI

O referido trabalho escapa á alçada desta Comissão, visto o seu carater didatico, motivo pelo qual não podemos autorisar a divulgação publica de nosso parecer sobre o mesmo. Podemos, entretanto, com o maior praser, declarar que o "A B C de João e Maria" é um trabalho de grande valor, tendo sido executado de acordo com os modernos ensinamentos pedagógicos, pelo que os membros desta Comissão felicitam os seus autores. (ibidem)

Em 14 de setembro de 1937, buscando a organização de bibliotecas infantis, a Comissão aprovou e recomendou para constituição de seus acervos 68 títulos de livros publicados no Brasil. São livros dos seguintes autores: Paulo Ribeiro de Magalhães, Monteiro Lobato, Viriato Correia, Gondim da Fonseca, Osvaldo Orico, L. Contreras, Figueiredo Pimentel, C. Brandenburger, Érico Veríssimo, Olga Ferraz Khel, Malba Tahan, Rosa Maria, Arnaldo de Oliveira Barreto, Olavo Bilac, Manoel Bonfim, João Ribeiro, Pepita Leão, Tales de Andrade, José Lins do Rego, Emílio Pompeia, Benjamin Rabier, Matilde Garcia Rosa, Jorge Amado, Haidée Lima, Guilherme Hauff, Charles Dickens, Cherubini, M. Sibiriak. Além desses, há também livros sem indicação do nome do autor, publicados pelo Editorial Paulista (São Paulo).

Todos esses livros foram avaliados em "fundo", "forma" e "apresentação" por meio das fichas-padrão. O documento "Biblioteca Escolar Recreativa" (Editorial Paulista, s.d.) exemplifica a avaliação de três títulos do Editorial Paulista. Nesse documento, dois títulos, *Catimatita* e *A cabana misteriosa*, são aprovados com nota 70 e constam da lista citada, e um deles, *Crianças modernas*, foi reprovado, com nota 38, e, por isso, não consta da referida lista.

Além dessa listagem de livros aprovados e recomendados, a Comissão Nacional de Literatura Infantil traçou normas para a organização de bibliotecas infantis. Os objetivos dessas bibliotecas foram traçados pela Comissão, em documento datado de 14 de setembro de 1937: permitir o aproveitamento útil das horas de lazer; estimular e desenvolver os interesses de leitura; despertar o gosto artístico; permitir o desenvolvimento segundo as tendências individuais; e dar hábitos de ordem e cooperação.

Segundo a CNLI, o aproveitamento útil das horas de lazer se fazia necessário em razão da escassez das diversões saudáveis para a infância e a juventude, especialmente nos grandes centros urbanos, naquela época. Isso significava a necessidade, segundo a Comissão, de organização de Centros de Cultura e Recreação, funcionando em vários pontos das cidades, domingos e feriados incluídos, com atividades atraentes, afastando crianças e jovens de "diversões malsãs".

O estímulo e o desenvolvimento dos interesses de leitura, para a Comissão, deveriam ser proporcionados às crianças desde antes de saber ler, pela admiração de gravuras, pelo intermédio da narração de histórias e pela leitura de trechos em prosa e verso. Essas atividades, segundo a CNLI, levariam as crianças à leitura independente e silenciosa, segundo suas "possibilidades e tendências, dando em resultado o domínio, cada vez mais perfeito, da técnica da leitura, e o hábito de pesquisa e auto-cultura" (Brasil, 1937c, p.2)

O gosto da criança era despertado e desenvolvido, segundo a Comissão, pelo estímulo das qualidades artísticas dos livros, além da ornamentação das salas de leitura, graças à sensação de bem-estar e beleza que essa ornamentação proporcionava a crianças e jovens.

Para desenvolver as tendências das crianças, além de livros de literatura infantil, as bibliotecas, para a CNLI, deveriam ter livros didáticos para suprirem necessidades escolares e material de experiência e construção, em salas anexas.

O ambiente de liberdade das bibliotecas gerava, de acordo com a Comissão, hábitos de cooperação, ordem e respeito à liberdade alheia.

Assim, segundo esse documento, as bibliotecas deveriam funcionar em Centros de Cultura e Recreação que, além de salas de leitura nos moldes das bibliotecas escolares, deveriam constar de salas de jogos didáticos e campos de recreação. As salas de leitura deveriam ser instaladas em lugares amplos e ventilados, com mesas e cadeiras confortáveis, estantes baixas e um quadro negro para avisos gerais, reclames, explicações, sugestões e ornamentadas com quadros de bons pintores e conselhos de ordem geral. O material deveria ser controlado de modo prático, sem perda de tempo, com numeração no dorso, no sentido de habituar a criança à honestidade, e arrumado pelo próprio

68 ESTELA NATALINA MANTOVANI BERTOLETTI

consulente, para habituá-lo à ordem. Além dos livros de literatura infantil, as bibliotecas deveriam ter livros didáticos, álbuns com material ilustrado, revistas nacionais e estrangeiras, que forneceriam gravuras, "lanterna mágica" e aparelho de projeções fixas.

Como se pode notar, a Comissão Nacional de Literatura Infantil empreendeu um grande esforço para organização, delimitação e seleção da literatura infantil brasileira nos anos de 1936 e 1937, enquanto Lourenço Filho esteve na sua presidência. Além disso, a CNLI fomentou o desenvolvimento do gênero e passou a exercer grande influência nos rumos dos livros de literatura infantil no Brasil, haja vista que os autores e títulos de livros de literatura infantil aprovados e recomendados pela Comissão permaneceram como os grandes marcos da produção do período nas tematizações de literatura infantil que se seguiram. Especificamente na formação do pensamento de Lourenço Filho tematizado e concretizado em sua produção *sobre* e *de* literatura infantil e juvenil, essa atuação como presidente da CNLI teve grande parcela de influência. Ali, convivendo com educadores e escritores, ele não somente teve oportunidade de organizar e melhor delimitar suas ideias, como de expô-las e ratificar seu reconhecimento como uma "autoridade em leitura" e, a partir de então, em literatura infantil; não é por acaso que, em 1943, seu nome foi lembrado para proferir uma palestra aos membros da Academia Brasileira de Letras: um educador falando a homens de letras...

Lourenço Filho deixou a presidência da CNLI em meados de 1937 e em seu lugar assumiu o grande poeta Manuel Bandeira. Embora não seja objeto deste livro a atuação desse presidente na Comissão Nacional de Literatura Infantil, é importante mencionar que as atividades a respeito de literatura infantil continuaram a ser executadas, pautadas pelos objetivos iniciais delineados no primeiro "Boletim",[39] no entanto com a vantagem de essa Comissão já ser reconhecida como o polo das discussões sobre o gênero no Brasil, certamente graças à fase inicial

---

39 Os concursos de livros infantis, por exemplo, continuaram a ser realizados, e Lourenço Filho participou com seus pareceres da seleção e classificação dos livros concorrentes.

LOURENÇO FILHO E LITERATURA INFANTIL E JUVENIL 69

dos trabalhos, presidida por Lourenço Filho. A solicitação do diretor de estatística do Ministério de Educação e Saúde, Teixeira de Freitas, ao presidente da CNLI, Manuel Bandeira, em 23 de junho de 1938, atesta o prestígio acima referido.

O *Service de Littérature Enfantine*, do *Bureau International d'Education*, de Genebra, endereçou-me um pedido de informações sobre a literatura infantil brasileira, para o qual tomo a liberdade de solicitar a valiosa atenção da Comissão sob a vossa esclarecida presidência.

Trata-se, como verificareis pela documentação, que vos envio, por cópia, de um inquérito sobre o desenvolvimento e as condições atuais da literatura para a juventude na América latina, no qual será especialmente estudada a nossa produção nesse ramo de atividade literária.

Nenhuma outra entidade julgo ser, no momento, mais competente para examinar o assunto nos vários aspectos compreendidos no questionário do *Bureau International d'Education* do que a Comissão de Literatura Infantil do Ministério da Educação e Saúde, e, assim, apelando para a colaboração desse órgão estou certo de que, sob um critério mais conveniente à nossa cultura e aos objetivos do inquérito em apreço, serão atendidos satisfatoriamente os desejos da referida instituição internacional. Confiando em vossa anuência à solicitação que vos transmito, muito agradeceria a gentileza de uma resposta urgente habilitando-me a comunicar a Mme. Blanche Weber, do *Service de Littérature Enfantine*, a boa notícia de haver essa comissão se incumbido de prestar, diretamente, as informações ao inquérito no prazo indicado, isto é, até 31 de julho próximo vindouro, afim de que o nosso país não fique sem o merecido lugar, quer nos trabalhos de divulgação daquele serviço, quer na respectiva exposição de livros para a juventude. (Teixeira de Freitas, 1938, s.p., grifos do autor)

Assim, após a fase inicial de organização, delimitação e seleção da literatura infantil produzida e em circulação no Brasil feitas pela Comissão Nacional de Literatura Infantil, os estudos e pesquisas *sobre* o gênero começaram a melhor se delinear e a produção *do* gênero teve um aumento quantitativo. Como contribuição para esse aumento, Lourenço Filho produziu literatura infantil, a partir de 1942, e sistematizou, conforme já informei, as ideias ali desenvolvidas a partir de 1943.

70 ESTELA NATALINA MANTOVANI BERTOLETTI

Aspectos do momento histórico da produção de Lourenço Filho *sobre* e *de* literatura infantil e juvenil

A produção de Lourenço Filho *sobre* e *de* literatura infantil e juvenil circula em uma época notadamente conturbada da história política e econômica brasileira, e especialmente efervescente no campo da educação, cultura e literatura em nosso país: as décadas de 1940 a 1960.[40]

Aspectos sociopolíticos

Como se sabe, as denominadas "Era Vargas", de 1930 a 1945, e "República Populista", de 1946 a 1964, estavam longe de ser períodos estáveis e tranquilos da vida política nacional. O Governo Provisório, sob a presidência de Getúlio Vargas, instalado após a chamada "Revolução de 30", foi caracterizado por uma instabilidade gerada pelo conflito de interesses das várias facções revolucionárias, especialmente "tenentistas" e "constitucionalistas" e driblada pela duplicidade de ação do governo. Os "tenentistas", apoiando a permanência de Vargas no poder, conseguiram impor-se nos primeiros anos; os "constitucionalistas", reivindicando uma constituição, após a Revolução Constitucionalista de São Paulo, de 1932, ganharam forças e obrigaram o governo a se render aos interesses da região mais rica e produtiva do país. Os compromissos dúbios da política de Getúlio Vargas não lhe permitiam contentar interesses divergentes, o que radicalizou as posições revolucionárias, dando os motivos que o governo esperava obter para dar o golpe de Estado de 1937.

O Estado Novo, que se estende até 1945, é o primeiro período ditatorial de nossa história política brasileira, de caráter centralizador e autoritário, que levou à extinção de todos os partidos políticos e da

---

40 Sempre que necessário, aponto aspectos relevantes também das décadas de 1920 e 1930, em razão da retomada constante dos princípios e aspirações desse período na produção em foco, e detenho-me especialmente em aspectos da década de 1940, por considerar essa década o momento crucial da produção de Lourenço Filho *sobre* e *de* literatura infantil e juvenil, que é reiterada por seu autor nas décadas posteriores.

LOURENÇO FILHO E LITERATURA INFANTIL E JUVENIL   71

vida política democrática do país. De acordo com Carone (1977, p.3), esse período "é hierárquico e mitológico, sem ser um regime fascista propriamente dito...". Censura, perseguições políticas, torturas são algumas das características do período, asseguradas, dentre outras, pela ação do Departamento de Imprensa e Propaganda (DIP) que dava ao governo o poder de "falar sozinho" e, por isso,

> dá inteira liberdade de ação ao governo, o que o torna praticamente único a se expressar publicamente durante o Estado Novo. Sem oposição, sem ninguém para poder contestar-lhe a propaganda e a verdade, o governo usa de todos os meios para se expressar e para impor a sua imagem. (Carone, 1977, p.169-70)

Segundo Carone (1977), o Estado Novo é o primeiro momento em que se tenta dar um sentido mítico ao Estado, não somente no que se denomina "Estado Nacional", como também na imagem de seus expoentes ou chefes.

> Em cadeia, tenta-se mostrar como todos os traços e personalidades que se identificam com o Estado Novo apresentam traços e personalidades ímpares, que os distinguem dos outros, apesar de não atingirem o nível e qualidades do chefe da Nação. Mito e comemoração se conjugam. O primeiro acentua as qualidades, o segundo torna-os público. É assim que o Estado Novo marca a ação e o sentido do presidente Getúlio Vargas [...] (ibidem, p.166-7)

Em virtude disso, de um lado, esse regime se compõe de grupos que o apoiam ou vêm a apoiá-lo: parte das oligarquias, do Exército, dos integralistas e da Igreja; e, de outro lado, ficam excluídos da participação política parte das oligarquias, os liberais e os comunistas, como oposições.

Segundo Carone (1977, p.4), essas oposições forçam a entrada do Brasil na Segunda Guerra Mundial, pois "Ficar ao lado dos países democráticos significa oposição aos grupos totalitários do Estado Novo [...] Desta maneira, cada vez que os países totalitários de direita recuam militarmente, a ditadura brasileira perde força [...]".

72 ESTELA NATALINA MANTOVANI BERTOLETTI

Ainda na análise de Carone (1977), as consequências dessa guerra são a modificação da situação econômica interna: "A guerra é que diversifica as atividades fabris e permite o pleno aproveitamento da sua capacidade ociosa. Assim, neste momento, a indústria supera definitivamente as atividades agrícolas, tornando-se mais abrangente e complexa [...]" (ibidem, p.2).

A partir de então, a industrialização, vinculada ao aumento populacional, gera um processo de urbanização crescente.

O Quadro 1 apresenta o crescimento populacional, a urbanização, a população ativa e a população empregada na indústria, entre 1940 e 1960.

Quadro 1 – População total, número de habitantes da zona urbana, população ativa e população empregada na indústria, entre 1940 e 1960

	1940	1950	1960
População total	41.236.315	51.944.397	70.119.071
Zona urbana	28.356.163	33.161.506	38.987.526
População ativa	14.758.598	17.117.362	32.624.263
População empregada na indústria	1.518.818	2.468.866	2.963.160

Fonte dos dados brutos: Sinopse Estatística do Brasil, 1971, Ministério do Planejamento e Coordenação Geral; IBGE; Estatísticas da Educação Nacional, 1960/1971, MEC (apud Romanelli, 2003).

Como se pode verificar, o crescimento populacional gerou o processo de migração da zona rural para a zona urbana, que aumentou o número da população ativa empregada na indústria ascendente. Esses dados permitem a constatação de um processo de ruptura político-econômica que marcou o ingresso do Brasil na era da civilização urbano-industrial (Ianni, 1971).

O nacionalismo, no sentido de "restrição à iniciativa estrangeira [...]" (Carone, 1977, p.72), foi imposto à nossa economia e se refletiu em todos os setores sociais como forma de exaltação da terra e da natureza brasileiras, numa espécie de ufanismo nacionalista, entendido como "getulismo" (Menecozi, 2000), embora a dependência estrangeira já marcasse o período e se mantivesse nas décadas seguintes afetando setores econômicos e culturais.

LOURENÇO FILHO E LITERATURA INFANTIL E JUVENIL 73

Em 1945, "caiu" a ditadura Vargas, substituída, logo depois, por um governo eleito, o de Eurico Gaspar Dutra. De acordo com Ribeiro (2001), o governo Dutra foi ao mesmo tempo uma reação à ditadura Vargas e um recuo. Esse recuo que propugnava pelo liberalismo econômico já não podia ser sustentado e é o fator que tornou possível o retorno de Getúlio Vargas ao poder, em 1951, pelo voto popular. Durante esse mandato, Vargas adotou uma postura acentuadamente nacionalista e de base populista, o que o levou ao suicídio, em 1954.

O nacionalismo desprovido de qualquer análise crítica para descrição do Brasil, preponderante até então, deu lugar a uma visão fragmentada do espaço brasileiro, por meio da utilização de dados estatísticos, com preocupação de informar e não de "formar". Essa passagem de uma visão ufanista e "neutra"[41] para uma visão estatística e também "neutra"[42] é a adequação de que o período desenvolvimentista brasileiro precisava para se fortalecer e consolidar um modelo econômico nacionalista-desenvolvimentista, como projeto de uma classe dominante que trabalhava para o capitalismo financeiro internacional (Menecozi, 2000).

Juscelino Kubitschek de Oliveira, eleito em 1955, tomou posse após um período bastante conturbado de nossa história política e adotou uma postura nacionalista-desenvolvimentista que instaurou um clima de otimismo populista no país. A indústria pesada acentuou a implantação dessa política e o capital internacional ganhou forças para entrada em nosso país. As contradições do desenvolvimento brasileiro se acentuaram, e Jânio Quadros, que o substituiu em 1961, não conseguiu base de sustentação para seu governo, que durou apenas sete meses em razão de sua renúncia. O vice-presidente de Jânio Quadros,

---

41 A "neutralidade", nesse caso, diz respeito à falta de um posicionamento político capaz de analisar a sociedade de forma crítica, o que se configura em não neutralidade em razão do compromisso desse caráter ufanista com o emergente populismo de Vargas, especialmente durante o Estado Novo. A esse respeito, ver Menecozi (2000).

42 A "neutralidade", nesse caso, diz respeito ao caráter quantitativo dos dados que informam, por exemplo, sobre a população apenas em número, nunca em pessoas ou em trabalhadores. A esse respeito, ver Menecozi (2000).

João Gourlat, ao adotar uma postura política de cunho nacionalista e populista e uma duplicidade de ação, à maneira de Vargas, teve seu governo caracterizado por uma radicalização política, na qual as esquerdas tiveram um papel bastante saliente. Esse caráter e a falta de apoio das forças armadas resultou na deposição de Gourlat e a assunção do poder, por meio de golpe de Estado, pelo governo militar do general Humberto de Alencar Castelo Branco, iniciando-se assim a ditadura militar, em abril de 1964.

Urgências culturais e educacionais

Educação e escolarização

No Brasil, nas décadas de 1920 e 1930, instaura-se um movimento "modernizador" de reforma da sociedade por meio da reforma da educação escolar, assumido por políticos e intelectuais da época, como "plataforma política" de toda uma geração (Carvalho; Toledo, 2004). Esse movimento ganha hegemonia, a partir de então, fomentado pelas mudanças político-econômicas ocorridas no Brasil em virtude do processo de industrialização e urbanização crescentes, conforme demonstrado anteriormente, que ocasionou aumento da demanda social de educação. Esse fator é analisado por Lourenço Filho (1965), para quem circunstâncias em que haja grupos de população dispersos e de economia incipiente, reduzidos à prática de agricultura, sem expectativas de melhoria de vida, não há maior sentido para a preparação formal que a escola proporciona; ao contrário, em grupos adensados, com economia ascendente e diferenciação no trabalho,

vêm a crescer as ocupações terciárias (administração, transportes e serviços em geral) cuja influência na integração das pequenas comunidades logo se faz sentir. Então a leitura e a escrita passam a ter preço, são sentidas como úteis e benéficas, e a demanda do ensino normalmente se eleva, ao mesmo tempo que maiores recursos, advindos de maior produção, possibilitam maior e mais diferenciada oferta. (Lourenço Filho, 1965, p.265)

LOURENÇO FILHO E LITERATURA INFANTIL E JUVENIL 75

O crescimento da demanda social de educação, nesse período, pode ser visualizado no Quadro 2.

Quadro 2 – Crescimento da população em idade escolar no Brasil entre 1940 e 1960

Grupo de idade	1940	1950	1960
De 5 a 9 anos	5.758.816	7.015.527	10.161.291
De 10 a 14 anos	5.328.030	6.308.567	8.573.877
De 15 a 19 anos	4.443.923	5.502.315	7.142.443
De 20 a 24 anos	3.813.355	4.991.139	6.160.742
Total	19.344.174	23.817.548	32.038.353

Fonte dos dados brutos: Estatísticas da Educação Nacional, 1960-1970, MEC (apud Romanelli, 2003).

Pode-se perceber um aumento crescente da demanda e relacioná--lo à análise de Lourenço Filho (1965), o que leva à constatação da educação escolar como uma das urgências do período.

Em vista disso, houve o crescimento da rede escolar, a valorização da escolarização, o aumento das matrículas, a criação de numerosos órgãos e serviços tendentes a estimular e coordenar as instituições de cultura, visando a fazer da educação "um instrumento ativo de organização e direção social" (Lourenço Filho, 1940b, p.57).

No Quadro 3, o crescimento da rede escolar pode ser percebido pelo aumento da matrícula nos ensinos Primário, Médio e Superior, entre as décadas de 1940 e 1960.

Quadro 3 – Expansão da matrícula no ensino primário, médio e superior, entre 1940 e 1960

	1940	1950	1960
Ensino Primário	3.432.062[1]	5.144.324	7.783.736[2]
Ensino Médio	260.202	557.434	1.177.427
Ensino Superior[3]	21.235	37.548	86.603

1 Referente a 1945; 2 Referente a 1959; 3 Referente aos anos 1939, 1949 e 1959, respectivamente.

Fonte dos dados brutos: Revista Brasileira de Estudos Pedagógicos; Estatísticas da Educação Nacional, 1960-1970, MEC (apud Romanelli, 2003).

76 ESTELA NATALINA MANTOVANI BERTOLETTI

No Quadro 3, o crescimento da rede escolar é evidente; no entanto, se comparados os níveis de ensino, percebe-se o "afunilamento" por que passou o sistema de ensino brasileiro, à época. E, se comparado esse Quadro 3 com o Quadro 2, percebe-se, também, que a oferta não condizia com a demanda, acentuando o problema do analfabetismo. O analfabetismo pode ser constatado pelos dados do Quadro 4.

Quadro 4 – Evolução do analfabetismo no Brasil, entre 1940 e 1960

	1940	1950	1960
População de mais de 15 anos	23.639.769	30.249.423	40.187.590
Analfabetos de mais de 15 anos	13.279.899	15.272.432	15.815.903
Taxa de analfabetismo	56,17	50,48	39,35

Fonte dos dados brutos: Censos demográficos de 1940, 1950 e 1960 extraídos de Aspectos da Educação no Brasil, MEC (apud Romanelli, 2003).

Os dados sobre o analfabetismo do Quadro 4 demonstram que o aumento da população de mais de 15 anos representa o aumento do número de analfabetos, no Brasil, a cada década, embora demonstre também que os índices de analfabetismo decrescem ao longo do tempo, em razão do aumento dessa mesma população.

Assim, por um lado, a urgência da educação escolar era vista, à época, no sentido de difundir a instrução elementar para combate formal do analfabetismo e formar o cidadão, uma vez que o voto era proibido para analfabetos; e, por outro, a educação escolar pressupunha a formação de elites dirigentes, pela redefinição e aumento do ensino superior e, ainda, o desenvolvimento "de uma educação da mocidade, de modo a orientá-la para atividades de produção económica" (Lourenço Filho, 1940b, p.60).

Como se pode perceber, a reforma da sociedade era vista como resposta direta da reforma da educação escolar. Essa reforma baseava-se em princípios "modernos", sobretudo no modo de compreender a educação, tendo por referência (para combate) a escola tradicional, sintetizados no movimento denominado Escola Nova.

De acordo com Nagle (1974), o movimento da Escola Nova brasileira significou um processo de remodelação das instituições escolares, como consequência da revisão crítica da problemática educacional. A oposição à escola tradicional se fundamenta na nova concepção sobre a infância.

LOURENÇO FILHO E LITERATURA INFANTIL E JUVENIL 77

Esta é considerada – contrariamente à tradição – como estado de finalidades intrínseca, de valor positivo, e não mais como condição transitória e inferior, negativa, de preparo para a vida do adulto. Com esse novo fundamento se erigirá o edifício escolanovista: a institucionalização do respeito à criança, à sua atividade pessoal, aos seus interesses e necessidades, tais como se manifestam nos estágios de seu "desenvolvimento natural". Parte-se da afirmação de que o fim da infância se encontra na própria infância; com isso, a educação centraliza-se na criança e será esta nova polarização que será chamada de a "revolução copernicana" no domínio educacional. (Nagle, 1974, p.249)

Assim, nessa "revolução",

• a criança passa de "homenzinho preformado", já completo ou com funções e capacidades inativas ou adormecidas, para aquela que apresenta "fases na evolução psicológica", determinadas "através das idades" (Lourenço Filho, 1978).

É evidente que o *conhecimento descritivo* das diversas idades é importante para o educador, embora maior significação prática apresente o da infância e adolescência. O educador, pai ou mestre, procura interferir num ser em evolução, ou em mudança gradativa mais sensível nessas primeiras idades. Conhecendo, ainda que de modo geral, as fases características da evolução humana, assim melhor se adequará a cada uma delas os seus planos, os objetivos que deva ter em vista e a sequência de seus esforços, disciplinados pela visão de um processo de formação contínua, gradual e incessante. É de notar que a compreensão desse processo leva a uma atitude de respeito pelas capacidades da vida e do espírito, e faz perceber que as técnicas educativas devem ter um sentido cooperativo e progressivo, de auxílio à natureza não oposição a ela. Nisso, aliás, em grande parte se funda o sentimento de respeito à *personalidade do educando*, ideia que se tornou pacífica entre os propugnadores da educação nova. (ibidem, p.69, grifos do autor)

• e a criança, então considerada em abstrato, do tipo ideal em todos os aspectos, passa a ser vista em suas "semelhanças humanas" e "diferenças individuais", características de suas possibilidades (ibidem).

Hoje, o mestre sabe que está em face de educando similares *em grupos,* mas todos diferentes *entre si,* e que, em consequência, terá de adaptar o ensino não só em relação às fases evolutivas, mas também às diferenças em cada aluno em particular [...] (ibidem, p.73, grifos do autor)

Essa nova concepção, aliada à aceitação de uma criança ativa numa escola ativa, tinha por base a psicologia, uma das "ciências fontes da educação" (Nagle, 1974).

De acordo com o pensamento escolanovista, a psicologia aparece "como o principal domínio científico que fornece recursos para transformar a escolarização numa técnica altamente racionalizadora [...]" (Nagle, 1974, p.247), deslocando o eixo do aspecto lógico, característico da escola tradicional, para o psicológico, e leva ao estudo e conhecimento da "natureza da criança, a dinâmica de seus interesses e desejos, as leis do seu crescimento mental, as suas tendências" (ibidem), como subsídio às práticas pedagógicas. Segundo Vasconcelos (1996, p.28-9):

Refletia-se, no Brasil, o anseio escolanovista de promover mudanças, através da implementação de novas metodologias subsidiadas pela psicologia. Maiores alterações puderam ser observadas no Ensino Normal e na Escola Primária. Na Escola Normal, por exemplo, as mudanças atingiram fundamentalmente a estrutura curricular, com a introdução de novas matérias e a modificação das antigas, surgindo um conjunto de conhecimentos oriundos das ciências da educação.

[...]

No primário, que compreendia as quatro séries escolares iniciais, também por influência da psicologia, passou-se a valorizar a inclusão do trabalho livre, da atividade lúdica e do trabalho manual. Adotou-se o princípio da educação pela ação, que tem por base a atividade, os interesses e as necessidades infantis. Daí a noção de "aprender fazendo", que implica necessariamente mudanças na metodologia educativa.

Literatura e literatura infantil

De acordo com Candido (1989), no Brasil, nas artes e na literatura, os "fermentos renovadores" das décadas de 1920 e 1930 foram mais flagrantes do que em qualquer outro campo.

LOURENÇO FILHO E LITERATURA INFANTIL E JUVENIL 79

Assim, além da expansão da educação escolar e do modo "moderno" de se pensar essa educação, disseminado a partir de então, conforme demonstrado no tópico anterior, a partir de 1930, houve uma ampliação de setores como a vida artística e literária, dos estudos e investigações acerca da educação e assuntos correlatos, dos meios de difusão cultural, como o livro, o cinema e o rádio (Candido, 1989), como esforço de modernização da sociedade brasileira.

O resultado é a aceleração desse processo de modernização, cuja equivalência, no plano artístico, é fornecida pelos intelectuais que denominam seus projetos de modernismo, uma vez que almejam a modernização do Brasil e sua equiparação às nações civilizadas, por meio de um processo que transcorre no interior da obra de arte, com contribuições da sociedade (Lajolo; Zilberman, 1991).

Esse movimento de vanguarda, durante os primeiros dez anos, preocupou-se em esclarecer seus princípios, especialmente os formais e temáticos, em manifestos, conferências, exposições ou revistas.

A incorporação das inovações formais e temáticas do Modernismo ocorreu em dois níveis: um nível específico, no qual elas foram adotadas, alterando essencialmente a fisionomia da obra; e o nível genérico, no qual elas estimulavam a rejeição dos velhos padrões. Graças a isso, no decénio de 1930 o inconformismo e o anticonvencionalismo se tornaram um direito, não uma transgressão, fato notório mesmo nos que ignoravam, repeliam ou passavam longe do Modernismo. Na verdade, quase todos os escritores de qualidade acabaram escrevendo como beneficiários da libertação operada pelos modernistas, que acarretava a depuração antioratória da linguagem, com a busca de uma simplificação crescente e dos torneios coloquiais que rompem o tipo anterior de artificialismo [...] (Candido, 1989, p.186)

O tema dominante consistia no nacionalismo, abordado de forma desigual, o que provocou a fragmentação do grupo modernista. De acordo com Lajolo e Zilberman (1991), a ênfase no nativismo, que se sustenta à custa da negação do presente, foi a vertente a que aderiu o governo Vargas, o que possibilitou a duração do movimento ao longo

80 ESTELA NATALINA MANTOVANI BERTOLETTI

de toda a "EraVargas", uma vez que, contra ou a favor, "era em torno do patriotismo e do tema da imagem nacional que circulavam os intelectuais" (Lajolo; Zilberman, 1991, p.53).

Talvez por causa disso, a influência modernista alcançou os limites escolares, pois, segundo Candido (1989, p.187), textos de autores desse movimento passaram a ser usados em compêndios e manuais a partir da década de 1930, "ficando assim em pé de igualdade com os da tradição literária da língua".

Quanto à literatura infantil, não foi diferente.

Aderiu aos ideais do período e expressou-os de modo literal, trazendo para a manifestação literária uma nitidez que ela raramente conhece nos textos não-infantis. Os livros para crianças foram profundamente nacionalistas, a ponto de elaborarem uma história cheia de heróis e aventuras para o Brasil, seu principal protagonista.[...] (Lajolo; Zilberman, 1991, p.54)

e, "visando contar com o aval do público adulto, a literatura infantil foi preferencialmente educativa e bem comportada, podendo transitar com facilidade na sala de aula ou, fora dessa, substituí-la" (ibidem, p.54).

Além disso, a expansão de diversos setores da sociedade, mencionados anteriormente, pressupunha a quantificação e qualificação do público leitor. A despeito da formação desse público, a literatura infantil manteve-se sob a égide da escola, ou seja, a necessidade de formação de leitores "reais" vinculou – e conteve – a literatura infantil ao projeto maior de educação e cultura da época.

Segundo Lajolo e Zilberman (1991, p.76):

Os laços da literatura infantil foram indicados antes: ambos são alvo de um incentivo maciço, quando são fortalecidos os ideais da classe média. Para esse grupo, a educação é um meio de ascensão social, e a literatura, um instrumento de difusão de seus valores, tais como a importância da alfabetização, da leitura e do conhecimento (configurando o pedagogismo que marca o gênero) e a ênfase no individualismo, no comportamento moralmente aceitável e no esforço pessoal. Esses aspectos fazem da literatura um elemento educativo, embora essa finalidade não esgote sua caracterização [...].

LOURENÇO FILHO E LITERATURA INFANTIL E JUVENIL   81

A formação desse público pode ser visualizada no Quadro 5, que contém dados a respeito do número de crianças aprovadas e o número de crianças concluintes da escola primária fundamental, entre 1932 e 1965.

Quadro 5 – Número potencial de leitores, dentre as crianças matriculadas, aprovadas e concluintes do curso primário fundamental, entre 1932 e 1965

	1935	1945	1955	1965
Matrícula Geral	2.413.594	3.238.940	4.545.630	9.923.183
Matrícula Efetiva	2.045.551	2.741.725	–	9.061.530
Aprovação	991.693	1.503.118	–	5.973.811
Conclusão[1]	180.506	287.852	505.864	1.063.804

1 Referente aos anos 1938, 1948, 1958 e 1968, respectivamente.
Fonte dos dados brutos: Instituto Nacional de Estatística, Anuário Estatístico do Brasil, ano V (apud Ribeiro, 2001).

Vale lembrar que o curso primário era constituído de escolas isoladas, reunidas e grupos escolares, que se dividiam em Ensino Fundamental, de quatro anos, e Complementar, de um ano, além de Escola Supletiva, de dois anos, que oferecia ensino àqueles que não haviam frequentado o Ensino Fundamental, e, ainda que, o curso primário brasileiro era destinado a crianças a partir de sete anos de idade (Lourenço Filho, 1940b).

A partir dos dados constantes no Quadro 5, é possível fazer uma estimativa do número de crianças habilitadas como leitores, pela escola.

O mercado editorial de livros para crianças

As mudanças na educação e na literatura, ligadas ao projeto político-cultural das décadas de 1920 e 1930, repercutiram no mercado editorial de livros.

De acordo com Carvalho e Toledo (2004), o livro é instrumento de transformação cultural, e, tendo-se fortalecido o mercado do livro escolar, a partir da década de 1920, garantiu-se o movimento de expansão da escolarização, o aumento do número de matrículas e a valorização da educação escolar. Além disso, ainda para essas autoras, a editora é

82 ESTELA NATALINA MANTOVANI BERTOLETTI

a agência de desenvolvimento da cultural nacional e o editor de livros para uso escolar é o colaborador do programa de reforma da sociedade pela reforma da educação.

No Brasil, até a década de 1920, o mercado editorial de livros para crianças, seja o de livros didáticos,[43] seja o de livros de literatura infantil, constituído, predominantemente, por traduções e adaptações (Lourenço Filho, 1943c), caracterizava-se, em grande parte, por livros importados e impressos fora do Brasil (Hallewell, 1985). A partir do crescimento da rede escolar, com a formação e ampliação de um público leitor e com as mudanças culturais na sociedade brasileira, o mercado de livros para crianças expandiu-se, multiplicando-se títulos, tiragens, autores e editoras.

Lajolo e Zilberman (1991) assim analisam o período: O aumento da produção de livros de literatura infantil, no Brasil, pode ser verificado no Quadro 6.

Quadro 6 – Números de livros de literatura infantil publicados no Brasil de 1930 a 1950

	Número de livros de literatura infantil
1930	253
1940	605
1950	2.388

Fonte dos dados brutos: Lourenço Filho (1943c); Fracarolli (1955); Coutinho (1978).

Os números desse Quadro 6 correlacionados aos números do Quadro 5 apontam para a relação entre literatura e escola indicada anteriormente; ou seja, com o aumento do número de leitores, formados pela ampliação do processo de escolarização, ampliou-se também o público consumidor para o mercado editorial de livros de literatura infantil. Com o impulso desse mercado, as traduções e adaptações de livros estrangeiros deram lugar a uma produção nacional que se ampliava a cada ano, fortalecendo esse filão junto às editoras.

---

43 Informações sobre a nacionalização de materiais didáticos podem ser obtidas, sobretudo, em Mortatti (2000a).

LOURENÇO FILHO E LITERATURA INFANTIL E JUVENIL 83

O aumento da produção de livros de literatura infantil com histórias originais fortaleceu projetos editoriais que vinham sendo adotados, desde o final do século XIX, em relação aos livros didáticos para crianças, como a publicação de textos em séries ou coleções.

Segundo Carvalho e Toledo (2004), a edição de coleções é produto de interesses econômicos, marcado por uma lógica que visa ampliar o mercado editorial. Ainda para as autoras, baseando-se em Roger Chartier e Michel de Certeau, a coleção é produto de estratégias editoriais dotadas de características especiais, que adquirem contornos variáveis, adequando-se a condições específicas impostas pelo mercado editorial e reajustando-se segundo objetivos historicamente variáveis.

O mesmo se pode afirmar sobre as séries de literatura infantil, publicadas à época, uma vez que eram preferidas pelos editores, em razão da economia que representava a padronização dos aspectos gráficos e a destinação para uma faixa etária específica, com número de páginas, temas e linguagem adaptados à idade da criança. A estratégia das "séries" era meio de conquista e garantia do público leitor; uma vez lido e aprovado o primeiro título, supostamente passavam-se a "seguir" as aventuras do personagem que se repetia no título seguinte, pois esse personagem se tornara conhecido e "amado" pelo leitor.

2
A PRODUÇÃO DE LOURENÇO FILHO
SOBRE LITERATURA INFANTIL E JUVENIL

Os textos

"Como aperfeiçoar a literatura infantil"

Conforme já informado, "Como aperfeiçoar a literatura infantil" foi originalmente produzido por Lourenço Filho (1943c) para ser proferido como palestra aos membros da Academia Brasileira de Letras, a convite do seu presidente, o embaixador José Carlos de Macedo Soares, em 25 de agosto de 1943, tendo sido publicado pela primeira vez em setembro daquele mesmo ano, na *Revista Brasileira* (Rio de Janeiro); em 1959, na revista *La Educacción* (Washington/DC), sob o título "La literatura en el Brasil"; e, em 1975, no *Boletim Informativo* da Fundação Nacional de Literatura Infantil e Juvenil (Rio de Janeiro), com o título original.

Na *Revista Brasileira* – publicação semestral da Academia Brasileira de Letras –, o texto assinado logo abaixo do título por Lourenço Filho e datado, ao final, ocupa 23 páginas, dividido em sete subtítulos, enumerados por algarismos romanos: "Resumo histórico"; "A literatura infantil no Brasil"; "Conceituação da 'literatura infantil'"; "Funções da literatura infantil"; "Modalidades da literatura infantil"; "Situação atual da literatura infantil no Brasil"; e, "Como melhorar a

86 ESTELA NATALINA MANTOVANI BERTOLETTI

situação atual". Apresenta, ainda, seis notas de rodapé, sendo cinco delas bibliográficas e apenas uma explicativa.

Nos dois primeiros tópicos, partindo de dados históricos sobre as origens da literatura infantil no mundo e no Brasil, o autor determina a existência de uma literatura para crianças. Nos três tópicos seguintes, Lourenço Filho conceitua essa mesma literatura, aponta suas funções e modalidades, e, nos dois últimos, apresenta um balanço da situação então atual e sugere como aperfeiçoá-la. Desse modo, o conteúdo do texto pode ser subdividido em dois grandes grupos: um, de caráter histórico, com objetivo de situar o problema e sugerir soluções; e, outro, de caráter mais teórico, com objetivo de delimitar a questão, para aperfeiçoamento da produção de literatura infantil brasileira, à época.

Como se pode notar, o sugestivo título do texto traz um "diagnóstico" negativo e aponta para uma prescrição: como aperfeiçoar a incipiente produção de literatura infantil brasileira de sua época. Para isso procura, de um lado, situar a literatura infantil e, de outro, sugerir medidas para melhorar a situação da produção dessa literatura, num percurso argumentativo que vai do geral para o particular e do "teórico" para o "prático".

Num primeiro momento, o autor dá sugestões, ensinando a escrever textos de literatura infantil, e, num segundo, indica os responsáveis e seus papéis no aperfeiçoamento dessa produção. Esse encaminhamento da palestra se dá porque está voltada para o público ao qual se destinava, os membros da Academia Brasileira de Letras, "instituição a que, por destino natural e função verdadeira, cabe a defesa e o estímulo das boas letras no país, em todas as suas manifestações" (Lourenço Filho, 1943c, p.165), e a outros interessados, escritores de literatura infantil ou que pretendiam sê-lo.

O texto "La literatura en el Brasil", de 1959, é uma versão traduzida para o espanhol e publicada na revista La educacción (Washington/ DC). Trata-se de versão reduzida, com nove subdivisões intituladas: "Preliminares"; "I Fase"; "II Fase"; "III Fase"; "Investigaciones"; "Comisión Nacional"; "Producción Actual"; "Cuentos 'em Quadros'"; "Conclusion", nas quais o autor se atém aos aspectos históricos

LOURENÇO FILHO E LITERATURA INFANTIL E JUVENIL 87

da constituição da literatura infantil brasileira. Em vista dessa redução do conteúdo, o texto ocupa cinco páginas.

Além da redução, as modificações ocorridas nessa versão em relação a "Como aperfeiçoar a literatura infantil" dizem respeito à atualização de informações, como o apontamento da produção brasileira de literatura infantil em 1.500 livros "de los que 2/3 son traducciones y adaptaciones" (Lourenço Filho, 1959c, p.28), dados sobre estudos a respeito das histórias em quadrinhos e sobre o fomento havido no Brasil para se discutir e aperfeiçoar a produção de literatura infantil, ressaltando o importante papel dos educadores nesses casos, com especial destaque para o próprio Lourenço Filho, e ressaltando também o lugar ocupado pelo gênero em relação à questão educativa.

Durante algunos anos, sobre todo entre 1940 y 1950, se editaron numerosas revistas infantiles y volúmenes de historia "en cuadros". Esa producción decayó bastante ai tener la oposición de algunos educadores, o también como consecuencia de una amplia investigación realizada por el Instituto Nacional de Estúdios Pedagógicos, dirigida entonces por el profesor Lourenço Filho, y publicada en la Revista Brasileira de Estúdios Pedagógicos en los Nros. 5, 6 y 7 de noviembre de 1944 hasta enero de 1945. Esta investigación de carácter objetivo analizó el material de las revistas infantiles y juveniles, que recogió también la impresión de los pequenos lectores, de sus maestros y de gente de todo el país. Este trabajo se cita en la obra Educational Psychology de los profesores Edwin R. Guthrie y Francis F. Powers ("The Ronald Press, New York, 1950), como la mayor y mejor dirigida investigación de ese tipo que se ha realizado en el mundo. [...] Algunas asociaciones educativas y culturales, entre las que se encuentran la Federación de Asociaciones de Padres de Família y la Asociación de Educadores Católicos, han dedicado atención ai asunto y han publicado crítica de orientación para el país y para los profesores. En 1958, una importante revista femenina, Jóia, de Rio de Janeiro, realizo una investigación entre los educadores y los escritores, y está ahora en busca de esa impresión entre los propios ninos. Se observa por tanto, que el problema de la literatura infantil se considera ahora en el Brasil, en todas formas, como una cuestión educativa seria. (Lourenço Filho, 1959c, p.28-9)

A publicação do texto em 1975 no *Boletim Informativo* da Fundação Nacional de Literatura Infantil e Juvenil, na seção "Artigos e Opiniões", se deu em dois números – 30 e 31. No número 30, foi publicado apenas o primeiro tópico, "Resumo histórico", e, no 31, foram publicados os outros seis tópicos. Nessa publicação, além da atualização da ortografia, não houve mudanças em relação à de 1943.

"O valor das bibliotecas infantis"

"O valor das bibliotecas infantis" é a publicação, pela EBSA (Rio de Janeiro), da palestra de Lourenço Filho (1948a) proferida na Exposição do Livro Infantil, organizada pela Biblioteca do Instituto Brasil-Estados Unidos, em 1948, que, embora "relembre", numa espécie de síntese, algumas ideias de "Como aperfeiçoar a literatura infantil", "permuta" outras, como propõe o próprio Lourenço Filho, enfatizando o valor da literatura infantil. Essa ênfase foi explicitada no título desse texto que, de um lado, localiza historicamente a literatura infantil e, de outro, conceitua o gênero em sua característica principal, segundo o autor, a de sugerir o belo, entretendo e formando a criança.

Dessa forma, partindo de dados históricos, sintetizados do texto de 1943, o autor se propôs a "dizer" "alguma coisa sobre o valor da literatura infantil" (Lourenço Filho, 1948a, p.66), mesmo considerando que seria quase desnecessário, uma vez que se dirigia aos interessados pelo problema e que o tem estudado, e também que "aqui [na biblioteca] está um mostruário do melhor quilate, e que fala por si desde que dele nos aproximemos, para deixar reviver em nós a 'imperecível criança' que em todos nós, continua a existir" (ibidem).

Atendendo, no entanto, ao pedido da comissão organizadora da exposição e considerando a literatura infantil "coisa tão séria", o autor passa a definir e situar a literatura infantil no texto que ocupa três páginas, divididas em duas colunas cada uma. Assim, dividido em 20 parágrafos, sem subtítulos, o texto teve a seguinte distribuição: um parágrafo introdutório, justificando o atendimento do autor ao pedido da comissão; cinco parágrafos que sintetizam um histórico da literatura infantil no mundo e no Brasil; um parágrafo

LOURENÇO FILHO E LITERATURA INFANTIL E JUVENIL   89

determinando a existência da literatura "infantil"; dois parágrafos contendo citações de outros, sobre o caráter trivial de alguns textos do gênero e sobre a possibilidade de se dirigir à criança, sem escrever diretamente para ela; 11 parágrafos discutindo a "característica capital" da literatura infantil. Esse texto não teve outra publicação.

"Literatura infantil e juvenil"

"Literatura infantil e juvenil", de Lourenço Filho (1957a), é um apêndice do livro *História da literatura*, de José Marques da Cruz (1957), o qual contém, também, uma introdução, intitulada "Divisão Geral da Literatura", que trata da composição literária e da versificação e cinco capítulos não numerados, intitulados "Literatura dos Povos Orientais", "Literatura Grega", "Literatura Latina", "Literatura Portuguesa" e "Literatura Brasileira", que trazem traços gerais da literatura de vários povos, todos escritos pelo autor do livro.

Segundo nota de rodapé do capítulo, feita pelo autor do livro, o apêndice é um resumo do texto "Como aperfeiçoar a literatura infantil", de Lourenço Filho (1943c). A leitura do texto, no entanto, demonstra tratar-se de um texto original, em que se expandiram e atualizaram as ideias do texto de 1943.

O texto, ocupando oito páginas do livro, consta de uma introdução (sem indicação de subtítulo) e quatro partes, com os subtítulos: "Livros infantis no Brasil"; "Conceituação e funções da literatura infantil"; "Modalidades da literatura infantil e juvenil"; "As histórias em quadrinhos" e "Conclusão".

Na introdução e na primeira das quatro partes, mediante dados históricos sobre as origens da literatura infantil no mundo e no Brasil, respectivamente, o autor determina a existência de literatura "composta e editada" diretamente para crianças. Nos dois tópicos seguintes, Lourenço Filho conceitua e estabelece as funções e modalidades da literatura infantil e juvenil; no penúltimo tópico, faz uma crítica às histórias em quadrinhos; e, no último, conclui suas ideias, enfatizando o papel do escritor de literatura infantil.

Desse modo, seu título genérico na verdade torna-se bastante específico, porque aponta para a essência de seu conteúdo: a questão das idades e da divisão que esse aspecto determina ao gênero, ou seja, o de haver uma literatura para crianças e para jovens, diferente de uma para adultos.

Por sua vez, o fato de o texto estar inserido em um livro de história da literatura demonstra que seu autor procurou situar a literatura infantil e juvenil no âmbito da literatura (para adultos), para conferir àquela o estatuto de *maioridade* aferido a esta, por meio da divulgação da literatura infantil e juvenil a interessados em literatura.

"Inquérito sobre livros para crianças"

"Inquérito sobre livros para crianças" consiste nas respostas de Lourenço Filho (1959b) ao inquérito sobre livros infantis, promovido pela revista *Leitores e Livros* (Rio de Janeiro), respondido pelo autor em outubro de 1958 e publicado no número 35 da revista, na seção "Literatura Infantil", edição do trimestre janeiro/março de 1959.[1]

Consta de dez questões tanto de ordem pessoal quanto de busca do pensamento do autor entrevistado sobre livros e literatura infantil, reproduzidas a seguir:

1. Por que razões e em que circunstâncias resolveu escrever para crianças?

2. Quais são, no seu parecer, as características de um livro para crianças?

3. Que fins pretende o escritor que escreve para crianças?

4. Pensa que existem temas tradicionais na literatura infantil? Pensa que o papel de um escritor para crianças é utilizar tais temas, infundindo-lhes vida nova, ou procurar novos temas, novos assuntos?

5. Pensa que o escritor deve recorrer sempre ao maravilhoso?

6. Procura conhecer a opinião das crianças? dos pais? dos educadores? dos psicólogos e especialistas?

7. Que pensa do papel dos editores? da imprensa? dos poderes públicos?

---

1 Esse inquérito foi iniciado no número 33 da revista.

LOURENÇO FILHO E LITERATURA INFANTIL E JUVENIL 91

8. Que espera dos ilustradores? Julga importante a apresentação gráfica das obras para a infância?

9. Preocupa-se com a difusão de suas obras para a infância? Tem informações sobre o público que elas atingem?

10. Tem observações pessoais a acrescentar a este inquérito? (Leitores e Livros, 1959, p.172-9)

Em vista disso, as respostas de Lourenço Filho ora são de caráter pessoal, a respeito do processo de produção de seus livros para crianças, ora são considerações teóricas gerais sobre o assunto: "Não é apenas um depoimento pessoal do escritor, mas um estudo profundo do problema dos livros para crianças, analisado por um educador que vê nos livros infantis um veículo poderoso de formação" (ibidem, p.172).

As respostas de Lourenço Filho são relativamente curtas, variando de um a sete parágrafos, mas contêm considerações teóricas consistentes e coerentes com sua produção *de* e *sobre* literatura infantil anteriores às respostas, a fim de garantir a esse texto uma circulação bastante ampla, haja vista as constantes reproduções de que foi objeto. Em 1960, o inquérito foi reproduzido da *Revista Brasileira de Estudos Pedagógicos* (Rio de Janeiro), na seção "Livros para crianças", como transcrição do "importante depoimento do professor Lourenço Filho" (Revista Brasileira de Estudos pedagógicos, 1960, p.215). Em 1962, foi reproduzido na *Revista do Ensino* (Porto Alegre), na seção "Literatura Infantil", "Apreciada por Lourenço Filho" (Revista do Ensino, 1962d, p.16). E, em 1971, foi reproduzida no *Boletim Informativo* da Fundação Nacional do Livro Infantil e Juvenil (Rio de Janeiro), com o título "Um bom livro infantil segundo Lourenço Filho", como "resumo" de suas respostas. Em todas essas publicações, a despeito da atualização da ortografia, trata-se de reproduções literais do inquérito de 1959, como já informei.

"Oração do acadêmico Lourenço Filho"

A "Oração do acadêmico Lourenço Filho" é o discurso de Lourenço Filho (1966a) na cerimônia de posse do escritor Francisco Marins, da Cadeira n° 33, na Academia Paulista de Letras, ocorrida no dia 25 de março de 1966 e publicado por aquela Academia. Foi também publicado na revista da *Academia Paulista de Letras,* em agosto de 1968, sob o título "Discurso do acadêmico Lourenço Filho na recepção do acadêmico Francisco Marins".

Na publicação de 1966, dirigindo-se ao acadêmico Francisco Marins, Lourenço Filho iniciou seu discurso numa espécie de réplica ao discurso de Marins, que o antecedera, dialogando diretamente com o de seu amigo e "discípulo".[2]

Assim, em 18 páginas divididas em dez subtítulos – "Os predecessores", "Os escritores e o idioma", "A paragem natal", "Os primeiros escritos", "Afirmação do escritor", "Singularidade da obra", "Motivação dos livros para crianças", "Motivação do ciclo juvenil", "O ciclo do romance, fundo e forma", "Conclusão"–, Lourenço Filho faz uma apreciação da obra de Marins e considerações teóricas sobre literatura infantil e assuntos correlatos.

Na primeira parte, Lourenço Filho faz considerações sobre a diferença entre a glória acadêmica e a glória de escritor, sendo a entrada para a Academia um símbolo da afirmação da primeira. No primeiro tópico intitulado, Lourenço Filho retoma os predecessores de Francisco Marins na Cadeira n° 33 – Amadeu Amaral e Altino Arantes –, comparando-os e apontando-os como "parnasianos". No segundo, faz considerações sobre a língua utilizada por aqueles escritores. No terceiro, retoma aspectos da vida de Francisco Marins em sua terra natal, Botucatu/SP, relacionando-a a sua produção literária inicial. Os primeiros escritos de Marins são comentados por Lourenço Filho no quarto tópico; sua afirmação como escritor, no quinto; e a singularidade de sua obra, no sexto. No sétimo, oitavo e nono tópicos, Lourenço Filho analisa a motivação de Francisco Marins para escrever para crianças, jovens e adultos, respectivamente, e conclui suas ideias no último tópico, situando Marins como um escritor eminentemente paulista.

---

2 Ao longo de sua vida, Lourenço Filho desenvolveu laços de amizade com o escritor Francisco Marins e influenciou sua produção de literatura. A esse respeito, ver, especialmente, Marins (1987; 1997); Souza (2002), além dos pareceres de Lourenço Filho aos livros de Marins, conforme já verificado no capítulo 1 deste livro.

A publicação desse texto em agosto de 1968 consiste em sua reprodução, não havendo nenhuma mudança em relação à publicação de 1966.

"Um livro básico sobre literatura infantil"

"Um livro básico sobre literatura infantil" é o "profético" título do prefácio de Lourenço Filho (1968) ao livro de Leonardo Arroyo (1968), *Literatura infantil brasileira*. Ensaio de preliminares para a história e as fontes da literatura infantil brasileira. Profético porque prevê o caráter básico de obra de referência que o livro prefaciado conquistou de fato ao longo do tempo e até os dias atuais.

Arroyo (1968), na orelha da segunda edição, testemunhou a força desse prefácio:

> O breve, porém substancioso ensaio que o professor Lourenço Filho – das maiores autoridades que a educação e a literatura infantil brasileira jamais tiveram – escreveu especialmente para o livro de Leonardo Arroyo chamou a atenção dos professores, dos autores que frequentam essa área literária, dos críticos e dos interessados em geral para algumas das qualidades mais enfaticamente claras desta obra [...].

Do mesmo modo, a influência do prefaciador se corrobora não somente na repercussão do livro, mas também na maneira de encarar a questão da literatura infantil, como pode sugerir a afirmação no "Prefácio do Autor", em que Leonardo Arroyo (1968, p.23) assegura que Lourenço Filho lhe deu "valiosas sugestões".

De qualquer forma, esse texto, além de apresentar o livro de Arroyo como "contribuição de inestimável valor, tanto pelo que contém, como pelo que possa influir em novas pesquisas" (Lourenço Filho, 1968, p.15), contribuindo para sua permanência, busca ainda estabelecer o que se poderia denominar contemporaneamente de um "programa de pesquisa" no campo de conhecimento da literatura infantil, uma vez que propõe temas para investigação sobre o gênero, visando fins práticos de compreensão da formação que a literatura infantil propicia.

94 ESTELA NATALINA MANTOVANI BERTOLETTI

Levantamentos deste gênero realmente facilitarão investigações de outros tipos. Por exemplo, acerca de aspectos psicológicos, os de motivos que levem os autores a escrever para crianças e dos que levem o público a bem aceitar ou refugar determinadas obras. Facilitarão estudos que tenham em vista análise literária pura, ou que a cada composição apreciem em seu mérito estético, em função dos níveis de desenvolvimento dos leitores. Será em resultados de maior número de estudos dessas classes, como de outras, que os próprios educadores encontrarão elementos para que bem possam compreender o papel da literatura na formação emocional e mental de nossas crianças e jovens, ou para que bem avaliem de seu préstimo na ação educativa intencional, cuja finalidade não se exaure em objetivos estritamente didáticos, mas, nos de apreciação e de criação estética se prolonga. (ibidem)

Ocupando seis páginas e dividido em quatro partes sem subtítulo, o prefácio, ao mesmo tempo que apresenta o livro *Literatura infantil brasileira*, expõe considerações teóricas de Lourenço Filho, especialmente as relacionadas à temática do livro, sobre a história e as fontes da literatura infantil brasileira. Na primeira parte, Lourenço Filho discute o conceito de literatura infantil, explicitando seu conceito mais amplo desse gênero literário, indo ao encontro da opção de Leonardo Arroyo. Na segunda, apresenta uma explanação teórica sobre a tradição oral e a literatura escrita, apontando os aspectos escolhidos por Arroyo. Na terceira, sintetiza a "substância da obra, que é o histórico da literatura infantil no Brasil, desde suas preliminares" (ibidem, p.13); e, na quarta, considera as conclusões do livro apresentando, como já destaquei, e algumas possibilidades de pesquisa que seu conteúdo pode suscitar, além de exaltar seu caráter fecundo e possibilitador de reflexões críticas e debates úteis.

Circulação e influência exercida

Como se pôde verificar, os textos de Lourenço Filho *sobre* literatura infantil e juvenil tiveram ampla circulação nacional e até internacional, à sua época. Desse modo, exerceram influências significativas nas concretizações e tematizações do gênero, a partir de então, no Brasil, haja vista não somente o número de reproduções/publicações que tiveram, como também os "lugares" dessa circulação, respaldados por instituições/livros de prestígio no que diz respeito à literatura infantil e juvenil.

Indo ao encontro de um público qualificado – os "interessados pelo problema" –, a circulação em revistas, boletins e livros permite concluir que esses textos passaram a constituir referência acadêmica e profissional, conforme se pode constatar nas citações diretas de que foram objeto, por exemplo, em Arroyo (1968), Góes (1984), Zilberman e Lajolo (1986) e Perrotti (1986), além de referências esparsas em outros livros sobre a história da literatura infantil e juvenil brasileira.

Arroyo (1968) destaca os artigos "Como aperfeiçoar a literatura infantil", de 1943, e "Literatura infantil e juvenil", de 1957, e aponta que Lourenço Filho realiza à sua época estudos e pesquisas que ressalvavam a falta de estudos e o preconceito que se cultivava pela literatura infantil como gênero menor.

> A literatura infantil brasileira tem sido, entre nós, considerada sempre um gênero menor do universo literário. Poucos autores a ela se referem com objetivos críticos e nesta lista honrosa poderíamos citar Cecília Meireles, Lourenço Filho e Fernando de Azevedo, além da poetisa Stela Leonardos, com importantes contribuições, inclusive com pesquisas originais, como no caso de Lourenço Filho e Lenyra C. Fracarolli.[3] (Arroyo, 1968, p.216)

No último capítulo de *Um Brasil para crianças*: para conhecer a literatura infantil brasileira: história, autores e textos, Zilberman e Lajolo (1986) explicitam o posicionamento de Lourenço Filho sobre a literatura infantil, localizado na segunda parte do texto "Como aperfeiçoar a literatura infantil". Segundo Zilberman e Lajolo (1986), em virtude da aliança entre literatura infantil e escola, os pedagogos foram os primeiros a se preocupar com o valor e o aparecimento dos livros para crianças, no caso brasileiro, e assim permaneceram por muitos anos, haja vista a rala consistência e ausência de crítica aos

---

3 A pesquisa de Lenyra Fracarolli consiste no levantamento bibliográfico de literatura infantil em língua portuguesa.

96 ESTELA NATALINA MANTOVANI BERTOLETTI

textos destinados às crianças, à época. Para as autoras, Lourenço Filho foi um desses "pedagogos" que, em 1943, na conferência proferida na Academia Brasileira de Letras, delineou a quantidade notável e denunciou a qualidade menor da produção brasileira de literatura infantil até aquele momento. Embora o classifiquem como "pedagogo", as autoras consideram relevante a participação desse "lúcido intelectual" nessa denúncia.

No livro *O texto sedutor na literatura infantil*, Perrotti (1986, p.71) explicita a concepção de literatura infantil de Lourenço Filho, "um dos primeiros a se referir a questão", no texto "Como aperfeiçoar a literatura infantil", assegurando que o educador pretendia reconhecer o estatuto específico do discurso literário, preocupado com a especificidade do público da literatura infantil e reivindicando uma "estética evolutiva ou genética", "que consiste na adequação do texto às condições de recepção dos destinatários" (ibidem).

Como se pôde verificar, ao longo do tempo, os textos "Como aperfeiçoar a literatura infantil" e "Literatura infantil e juvenil" continuaram a ser citados diretamente nos estudos e pesquisas *sobre* literatura infantil e juvenil brasileira, adquirindo, especialmente o primeiro, o estatuto de "clássico", na produção *sobre* o gênero e garantindo ao seu autor destaque e referência indispensável nesses estudos e pesquisas. Além disso, as referências indiretas aos fundamentos do conteúdo desses textos tanto na produção *de* quanto na produção *sobre* literatura infantil e juvenil brasileira contribuíram para a permanência desses fundamentos nessa produção e para sua influência sobre autores e pesquisadores do gênero, no Brasil.

Temas e problemas abordados

Histórico da literatura infantil e juvenil

Nos três primeiros textos de Lourenço Filho aqui considerados – "Como aperfeiçoar a literatura infantil", "O valor das bibliotecas infantis" e "Literatura infantil e juvenil" –, o autor reconstituiu uma

LOURENÇO FILHO E LITERATURA INFANTIL E JUVENIL   97

história da literatura infantil universal desde a "tradição oral", passando pelas traduções e adaptações de livros originalmente escritos para adultos, até a caracterização de uma literatura escrita intencionalmente para a criança.

Composições que, hoje, reconhecemos como adequadas às primeiras idades, com narrativas mágicas, fábulas ou legendas, eram escritas para adultos, e só entre eles circulavam, a princípio, na forma escrita. É possível encontrar documentos desse gênero, entre papirus de muitos séculos anteriores a nossa era; fábulas sânscritas, como as de *"Panchatantra"* (Os cinco livros); as *"Fábulas de Esopo"*, atribuídas a Planúdio, que viveu no V século antes de Cristo; o livro de *"Sinimba"* já do III século de nossa era; as legendas medievais de variada forma e sentido; o fabulário do ciclo da "raposa", já do X século; a *"Gesta romanorum"*, datada de 1326; e, de outra parte, o *"Livro da Pérsia"*, quase da mesma época; as *"Mil e uma noites"*, que se presume sejam de um original do século XVI; enfim, os *"Contos de ma Mère Oye"*, de Perrault, publicados pela primeira vez em 1697. Por outro lado, histórias de viagens maravilhosas, como *"A vida e a muito maravilhosa aventura de R. C. York* de Daniel Defoe, publicada em 1726, e que depois se tornou mundialmente conhecida como *"Robinson Crusoe"*, e *"As viagens de Gulliver"*, quasi da mesma época, de Jonathan Swift (1667-1745), não foram originariamente compostas para crianças.[4] (Lourenço Filho, 1943c, p.116-117, grifos do autor)

Do mesmo modo, esses textos reconstituem as origens da literatura infantil brasileira, informando que o gênero *iniciou-se* em 1894, quando foi publicado o primeiro livro voltado à leitura recreativa de crianças – *Contos da Carochinha*, de Figueiredo Pimentel –, *afirmou-se* com a coleção Biblioteca Infantil e *firmou-se*, a partir de 1921, com os primeiros livros infantis com personagens brasileiros em ambientes brasileiros, auxiliada pela revista infantil *O Tico-Tico* (Rio de Janeiro): "Constituía-se, assim, uma literatura infantil e logo depois uma literatura juvenil, perfeitamente caracterizadas, no país" (Lourenço Filho, 1957a, p.579).

---

4 A partir de então, essa ideia, com esses exemplos, é retomada nos estudos brasileiros *sobre* literatura infantil e juvenil.

98 ESTELA NATALINA MANTOVANI BERTOLETTI

Os outros textos de Lourenço Filho que seguem tematizando a literatura infantil e juvenil, considerados neste capítulo, abandonam essa reconstituição histórica, por se deterem em aspectos conceituais de um gênero já determinado, à época em que circulam; porém, a questão da "tradição oral" é retomada no prefácio "Um livro básico sobre literatura infantil", de 1968, em razão da substância do livro prefaciado.

Adotando o ponto de vista dos "especialistas da matéria", nesse prefácio, Lourenço Filho postula um conceito de literatura infantil "mais amplo", no qual literatura infantil é a expressão de cultura de um povo, ligada a raízes, sentimentos, tradição e aspirações desse mesmo povo.

Como afirmei no tópico anterior, nesse último caso, a opção do prefaciador se regula pela opção do autor do livro prefaciado; já nos textos "Como aperfeiçoar a literatura infantil", "O valor das bibliotecas infantis" e "Literatura infantil e juvenil", o "resumo histórico" apresentado por Lourenço Filho se justifica na medida em que os dados neles apresentados *determinam* a existência de uma literatura desenvolvida especificamente para crianças, como forma de garantir existência e manutenção do gênero. Em vista disso, o primeiro deles, "Como aperfeiçoar a literatura infantil", de 1943, por ter sido produzido numa época incipiente de tematizações do gênero, detém-se pormenorizadamente nessa reconstituição histórica, apresentando um esforço eminente em determinar e realçar a especificidade da literatura infantil, corroborada por uma exaustiva enumeração de autores e títulos de livros ingleses, norte-americanos, dinamarqueses, italianos, portugueses, alemães e brasileiros, e por uma problematização da oscilação inicial da literatura infantil, no Brasil e no mundo, entre livros de estudo, destinados às escolas, e livros compostos "não com sentido informativo, ou puramente educacional, mas no sentido de 'arte', que pudesse ser apreciada pelo espírito infantil, e que, para sua formação, viesse a concorrer" (Lourenço Filho, 1943c, p.149).

como se pode ver na Itália, com a renovação de Luiz Alexandre Parravicini (1799-1880) em sua narrativa romanceada "Giannetto", de 1837; com Cesare Cantú (1804-1895) que, de par com estensa obra de historiador não desdenhou escrever para crianças, dando as suas "Letture giovanili" e "Il bambino"; e, sobretudo, com Edmundo d'Amicis (1846-1908) o imortal autor de "Cuore", livro escolar de que a primeira edição foi tirada em 1886.

Tentativas semelhantes, embora de mais escasso valor, apareceram na França, na Inglaterra e na Alemanha, e tiveram reflexo mesmo na literatura escolar de Portugal, com as *"Viagens de Simão de Nântua"*, e uma adaptação didática das aventuras dos *"Doze Pares de França".* (ibidem, p.149, grifos do autor)

Não tendo sido antecedido por outros estudos que tracem esse histórico (antes de 1943), nesse texto, a história apresentada por Lourenço Filho, embora se pretenda um "resumo", apresenta-se como fonte valiosa de dados, passando a servir de referência aos estudos sobre o gênero que o sucedem, e garante-se como "verdade inquestionável" e fonte segura da história da literatura infantil a partir de então,[5] sem, no entanto, seu autor explicitar as fontes utilizadas para esses dados.[6]

Também Lourenço Filho se vale desses dados nos dois textos que se seguem sobre o gênero; de modo mais resumido no texto "O valor das bibliotecas infantis", pois nessa época e nesse texto seu objetivo é discutir o conceito e as funções de um gênero já "perfeitamente caracterizado" para aqueles que o ouvem, os "interessados" no assunto; e de modo reiterado, no texto "Literatura infantil e juvenil", com mínima ampliação de informações, para atualização dos dados e ênfase na questão que apenas insinuara em 1943: a existência da literatura "juvenil".

Crítica à literatura infantil brasileira

Em 1943, no texto "Como aperfeiçoar a literatura infantil", Lourenço Filho busca fazer o que pode ser considerado como princípios de uma crítica à produção de literatura infantil brasileira. Preocupado com

---

5 Os dados do texto "Como aperfeiçoar a literatura infantil", de 1943, foram ampliados somente em 1968, por Leonardo Arroyo, no livro *Literatura infantil brasileira* – ensaio de preliminares para a história e as fontes da literatura infantil brasileira, valendo-se de sugestões de Lourenço Filho, conforme já apontado.

6 Ao que tudo indica, as viagens de Lourenço Filho ao exterior e sua atuação na Comissão Nacional de Literatura Infantil propiciaram ao autor um maior contato com as fontes da literatura infantil universal.

100   ESTELA NATALINA MANTOVANI BERTOLETTI

o aumento quantitativo de livros para crianças em sua época, o autor traça as características do que considera a "terceira fase" do gênero no Brasil, iniciada em 1921, com a publicação de *Narizinho arrebitado*, de Monteiro Lobato,[7] seguido de numerosos trabalhos originais, de tradução e adaptação pelo mesmo escritor, além de livros infantis de Viriato Correia, Gustavo Barroso, Humberto de Campos e Oswaldo Orico, dentre outros autores, e alcançando os últimos vinte anos, à época, de modo a sugerir medidas de aperfeiçoamento da produção de literatura infantil.

Essa fase, segundo o autor, marcou o "estágio que se poderia dizer de constituição de uma 'literatura infantil', perfeitamente caracterizada em nosso país" (Lourenço Filho, 1943c, p.153), determinada pela produção de livros originais, por maior abundância de produção, por maior qualificação dos autores e pela diferenciação da produção de livros para as "várias idades".

> diferencia-se agora a produção para as várias idades, separando-se a literatura propriamente "infantil" da "juvenil"; e, ainda, dentro desta, as das idades de "pré-leitura", dominada pelos álbuns de gravura, hoje numerosos; a da idade escolar inicial, especialmente atendida pelos contos de fada; as de idade mais avançada, em que se admitem quer com o fim de mera recreação, quer com os de iniciação ao estudo literário, livros de gênero variados, como aventuras, narrativas de viagens, biografias romanceadas, romances históricos, e a adaptação de grandes obras primas. (Lourenço Filho, 1943c, p.153)

Além disso, segundo Lourenço Filho, essa fase da produção brasileira de literatura infantil foi marcada pelo aperfeiçoamento do aspecto gráfico, que "é também de grande importância no alcance educativo que cada obra pode exercer sobre a criança" (ibidem, p.164).

Como parte ativa dessa fase, Lourenço Filho – numa autopropaganda, de maneira indireta – destaca o importante papel exercido pela

---

7   Os estudos e pesquisas *sobre* literatura infantil, que sucedem esse texto de Lourenço Filho, reiteram esses dados, assegurando que a literatura infantil brasileira iniciou-se com a produção de Monteiro Lobato.

LOURENÇO FILHO E LITERATURA INFANTIL E JUVENIL 101

coleção Biblioteca Infantil e a intensa movimentação para disseminação e delimitação de uma literatura infantil perfeitamente desenvolvida "em todo o mundo, e com rápido crescimento em nosso país" (ibidem, p.155), nesse período.

A respeito da coleção, que atraiu "para o assunto [literatura infantil] a atenção de outros editores e autores" (ibidem, p.152), o autor pondera:

Essa coleção de pequeninos livros de 40 a 60 páginas, cuidadosamente ilustrados, contendo traduções, ou visível adaptação de textos já traduzidos em Portugal, logra grande êxito e se constitui logo de mais de cincoenta volumes. A ela se deve, nessa fase, sem dúvida alguma, a expansão da literatura infantil no país, pois demonstrou, com os seus dois milhões de exemplares já editados, a pais e mestres, que um tipo especial de leitura deveria ser considerada para crianças. (ibidem)

Em relação à movimentação indicada, Lourenço Filho destaca a produção de pesquisas e estudos sobre literatura infantil, desde 1926, como a realização de inquérito sobre a leitura de jovens, feito por ele mesmo, naquele ano,[8] e por Cecília Meireles, em 1931;[9] a classificação de livros infantis, segundo a faixa etária, feita pela Associação Brasileira de Educação (ABE), em 1926, e a publicação de um trabalho de Armanda Álvaro Alberto, também em 1926, pela ABE; a divulgação de diversos estudos considerando o problema da literatura infantil, como o de Helena Antipoff, em 1929,[10] o de Irene Lustrosa, em 1934,[11] e o de

---

8 Trata-se do estudo "Um inquérito sobre o que os moços lêem", de Lourenço Filho, descrito no capítulo1.

9 Segundo Lourenço Filho (1943c), Cecília Meireles realizou um inquérito sobre literatura infantil nas escolas do Rio de Janeiro/DF.

10 Lourenço Filho (1943c, p.154) refere-se ao estudo "Ideias e interesses das crianças de Belo Horizonte", de Helena Antipoff. Nesse texto, a autora verificou que "os autores preferidos pelas crianças eram, então Arnaldo de Oliveira Barreto, Figueiredo Pimentel, o autor da velha coletânea que começou a ser editada pela Livraria Quaresma, em 1894, e Monteiro Lobato".

11 De acordo com Lourenço Filho (1943c), o estudo de Irene Lustrosa foi semelhante ao de Helena Antipoff e foi publicado no volume de 1934, da *Revista do Ensino*, de Minas Gerais.

102   ESTELA NATALINA MANTOVANI BERTOLETTI

Elvira Nizinska da Silva, entre 1934 e 1936.[12] Destaca também a criação
e implantação, desde 1928, de bibliotecas infantis e, ainda, a criação,
em 1936, da Comissão Nacional de Literatura Infantil, por iniciativa
do Ministério da Educação e Saúde, ministro Gustavo Capanema.
Destaca também – com conhecimento de causa – a ampliação dos
esforços de autores e editores, graças à concorrência que se estabeleceu
entre as editoras, e um "maior cuidado de preparação dos professores,
que, de modo sensível, orientam a seleção de leituras" (ibidem, p.165).
Ressalta, no entanto, que toda essa intensificação de iniciativas não
conferiu "atestado de qualidade" à literatura infantil.

Pelo último levantamento das obras de literatura infantil, editadas no
país, verifica-se que se encontram à venda, no ano de 1942, nada menos
de 605 trabalhos, dos mais diversos gêneros e tipos.

Dessas, 434 representam traduções, adaptações e mesmo grosseiras
imitações de autores estrangeiros, especialmente franceses e alemães (estes
quase sempre através de traduções francesas) como se pode ver da produção até 1930; e daí por diante, da tradução de originais norte-americanos,
não, porém, dos mais recomendáveis.

Dos autores europeus têm sido mais traduzidos ou adaptados, Perrault, D'Aulnoy, Cónego Schmid, Jordia, Júlio Verne, Rabier, Andersen,
Grimm, Condessa de Ségur, Collodi.

Mesmo em relação a estes, cerca de metade das traduções feitas são
de pobre linguagem, quando não inçadas de impropriedades e cochilos.
As traduções de historietas americanas apresentam, quase sempre, defi-
ciências mais graves [...]

Das 171 obras originais de autores brasileiros, cerca de metade são
de medíocre qualidade, quer pela concepção e estrutura, quer também
pela linguagem. Não mais da metade desses livros mereceria figurar em
bibliotecas infantis, se devidamente apurados quanto à forma e ao fundo.
(ibidem, p.163-4)

---

12 O estudo sobre literatura infantil coordenado por Elvira Nizinska da Silva a que
Lourenço Filho se refere como "mais larga pesquisa" foi publicado no artigo
"Problemas de literatura infantil", em *O Jornal*, em 5 de abril de 1936.

Desse modo, "delineia" uma crítica à produção de literatura infantil da época, demonstrando uma preocupação não somente estética, mas também de "adequação educativa das obras de literatura destinadas às crianças brasileiras" (ibidem, p.165). Em outras palavras: essa crítica de Lourenço Filho não somente busca "incremento" e "defesa" da produção de literatura infantil, como denomina o autor, mas também busca o que considera como "brasilianismo", porque, para o autor, a elevação do nível artístico da literatura infantil é, ao mesmo tempo, elevação do alcance educativo.

Essa crítica se aproxima, portanto, de prescrições para alavancar o gênero, uma vez que é pautada por "medidas sistemáticas tendentes à sua elevação, ou 'significação social'", pela necessidade de "mais precisa conceituação do gênero especialíssimo, que é a literatura infantil" (ibidem, p.165).

Essas medidas sugeridas por Lourenço Filho consistiam no estudo da literatura infantil e no incentivo à sua produção com medidas de esclarecimento social, medidas de estímulo aos autores nacionais, aos editores e aos ilustradores, e "medidas de estímulo, em geral". Elas podem ser assim resumidas: patrocínio a conferências nacionais sobre literatura infantil, divulgadas em folhetos; criação de biblioteca para documentação e estudos sobre o assunto; encorajamento, mediante atribuição de prêmios, a autores nacionais, para estudar, traduzir e produzir literatura infantil; aquisição de boa quantidade de obras, pela Academia, para estímulo às editoras; atribuição de prêmios a editores e ilustradores; e patrocínio a exposições do gênero, no país.

Tais propostas de medidas vão sendo reiteradas ao longo do tempo nos outros textos *sobre* literatura infantil e juvenil que seguem o de 1943, visando *afirmar* o ponto de vista do autor em relação ao que pode ser classificado como literatura infantil, bem como a fomentar a produção do gênero.

Não me furto, porém, ao prazer de expor algumas observações, dizendo, em resumo, o seguinte:

a) Será preciso que o público e os próprios autores sejam mais esclarecidos sobre as funções da literatura recreativa infantil.

104   ESTELA NATALINA MANTOVANI BERTOLETTI

b) Será preciso que os editores, por si mesmos, compreendendo a sua responsabilidade, procurem evitar a publicação de trabalhos de má linguagem, e composições que exprimam conflitos e ressentimentos dos autores, ensinem o atrevimento e o cafajestismo de ideias e sentimentos, precursor do cafajestismo do caráter.

c) Será preciso difundir livros que imprimam às crianças o desejo de ser melhores, que lhes sugiram ideais de vida sadios; isso não se confunde, é evidente, com um falso moralismo de fórmulas vazias e aborrecidas. Mas, para que os livros sejam realmente recreativos ("recrear" quer dizer "criar de novo", recompor em novas e mais equilibradas bases" deverão ensinar a alegria de viver, de forma normal e saudável).

d) Será preciso, enfim, que os autores compreendam que só devem escrever para crianças quando tenham uma delicada mensagem a comunicar-lhes, alguma coisa que concorra para elevar-lhes o espírito e o coração. Se a não tiverem, melhor será que não escrevam, e a infância lhes será grata por isso. (Lourenço Filho, 1959b, p.178-9)

A literatura infantil e juvenil como gênero

Embora no texto "Como aperfeiçoar a literatura infantil", Lourenço Filho busque situar a literatura infantil como "ramo específico" de letras, ao longo desse mesmo texto e dos outros textos da produção *sobre* o gênero que o seguem, Lourenço Filho considera a literatura infantil e juvenil como "gênero", diferenciando-o em suas "modalidades".

Como gênero, a literatura infantil equivale, segundo o autor, à literatura (para adultos). As "modalidades", no entanto, são o que a diferenciam e garantem a especificidade da literatura infantil em relação à literatura, pois levam em consideração as idades infantis e sua adequação a muitas opções constitutivas do livro para crianças, nos níveis temático, formal e gráfico e, por isso, são estabelecidas (de modo mais sintético, no texto de 1943) e expandidas quando retomadas nos textos de Lourenço Filho *sobre* literatura infantil e juvenil. As citações que seguem referem-se às "modalidades" determinadas nos textos "Como aperfeiçoar a literatura infantil" e "Literatura infantil e juvenil". Apesar da extensão, vale a pena reproduzi-las:

LOURENÇO FILHO E LITERATURA INFANTIL E JUVENIL   105

a) álbuns de gravuras, coordenadas por um só motivo, ou não, com reduzido texto, ou

ainda sem texto, para crianças de 4 a 6 anos;

b) contos de fadas e narrativas simples (fábulas, apólogos), para crianças de 6 a 8 anos;

c) narrativas de mais longo entrecho, para crianças de 8 a 10 anos;

d) histórias de viagens e aventuras, para crianças de 10 a 12 anos;

e) além de biografias romanceadas, idem.

A esta classificação, que resume as modalidades da literatura infantil em prosa, poderá ser acrescido um item relativo a composições em verso, subdivido, por sua vez, em "coletâneas de pequenas composições" (geralmente pouco apreciadas pelas crianças), e "narrativas em verso", de fundo jocoso ou não. (Lourenço Filho, 1943c, p.160-1)

A. *Literatura Infantil:*

1. Álbuns de gravuras simples, de colorido intenso, coordenadas entre si, ou não, por um motivo principal da vida do lar; texto reduzido. Destinam-se a crianças de 4 a 6 anos.

2. Narrativas muito singelas, sempre apoiadas em ilustrações elucidativas, ou gravuras que "falem por si". Temas de folclore, da vida de animais, da vida familiar, a que se empreste sentido poético. Destinam-se a crianças de 5 a 8 anos, tal seja o desenvolvimento mental, sempre variável de uma para outra criança.

3. Narrativas menos singelas que as precedentes, seja pela extensão, seja pelo entrecho. Podem animar personagens imaginárias, ou não, ou emprestar a personagens reais atributos imaginários. Ação sempre movimentada, embora não muito complexa por incidentes. Especialmente indicadas para crianças de 7 a 9 anos.

4. Narrativas com maior número de personagens e ação mais complexa. Aproveitamento de temas reais, escolhidos embora por sua significação simbólica. Ligeiro sentido descritivo, que inspire compreensão da natureza e amor por ela. Pequenas aventuras. Para crianças de 8 a 10 anos, de desenvolvimento mental normal.

5. Aventuras e viagens; pequenas biografias de cunho esquemático, que instilem nobres ideias de vida, sem qualquer caráter de rigidez ou artificialidade. Ainda neste caso, o papel das ilustrações é da maior importância, pelo que possam sugerir, além de representar. Para leitores de 10 a 12 anos.

106   ESTELA NATALINA MANTOVANI BERTOLETTI

B. *Literatura juvenil:*

1. Aventuras, viagens, biografias; descrição ainda esquemática, mas animada de mais profundo sentido humano. Cenas que importem em situações problemáticas, com narrativa suspensa, que façam pensar ou indagar sobre a solução. Para leitores de 11 a 13 anos.

2. Narrativas mais longas, embora sempre bem capituladas; temas de geografia, história natural, história pátria, romanceados. Para leitores de 12 a 15 anos.

3. Os mesmos temas, com maior desenvolvimento, biografias romanceadas, pequenas novelas de costumes, de cunho sentimental, ou não. Para leitores de 14 anos em diante. É de observar que, nestas idades, a escolha dos assuntos e das formas de seu tratamento, mais dependerão dos interesses profissionais, que começam a afirmar-se e dos hábitos de leitura adquiridos, que mesmo de qualquer esquema que se possa prever.

À parte A dessa classificação, que indica apenas modalidades em prosa, podem ser acrescidos alguns itens para composições em verso, sempre, de difícil tratamento, nas idades consideradas. Dois tipos, em geral, se apresentam: coletâneas de pequenas poesias, e narrativas seguidas, em versos humorísticos. Os versos devem ser simples, de construção direta tanto quanto possível, sem a preocupação de rimas ricas ou de efeitos de *enjambement*. Não quer isso dizer que a poesia deve ser pobre, ou insossa. Pelo contrário. De outro modo, não a suporta a criança.

As composições em verso, para pré-adolescentes e adolescentes, são de modo geral as de ricos efeitos descritivos de côr, ou de efeitos dramáticos. As composições líricas, de delicado espírito, despertam grande interesse, sobretudo às meninas. Temas históricos podem ser habilmente aproveitados. (Lourenço Filho, 1957a, p.581-2, grifos do autor)

Sem se ater a critérios então usuais de classificação dos livros – conforme explicita o autor –, Lourenço Filho traça uma ordenação geral dos livros de literatura infantil e juvenil, de modo a enquadrar a produção existente, com o objetivo de satisfazer as necessidades de "ordem prática", consciente do "valor aproximativo" que esse enquadramento resulta, e estabelece um critério básico: o das "idades infantis" (considerando também os "pré-adolescentes e adolescentes") para essa ordenação. Assim, os aspectos constitutivos do livro são critérios relevantes aos livros infantis e juvenis, desde que adequados à idade

LOURENÇO FILHO E LITERATURA INFANTIL E JUVENIL 107

do leitor, pois o que regula essa ordenação são, num primeiro plano, concepções psicológicas e educacionais. Esse critério passa a servir de base para classificação do gênero até os dias atuais.[13] Concepções estéticas e literárias se juntam a esse critério básico, quando considerada a forma "mais ampla" determinada pelo autor: a de que cada modalidade em prosa deve se caracterizar por conter "histórias" ou "narrativas":

"Uma história" com o necessário tratamento literário, difere da simples narrativa, por subordinar-se a um princípio de seleção e organização, que opera no sentido de lhe imprimir graça e força, com a utilização dos mais simples elementos, ou seja, numa palavra, de lhe imprimir "beleza".

Uma narrativa, para efeitos de documentação, ou para divulgação técnica, deverá entrar em minúcias de cada ocorrência, seguir rigorosamente a ordem cronológica, explicar com clareza as causas e os efeitos prováveis; não poderá omitir certas relações particulares entre os fatos, nem eliminar incidentes, ao gosto do narrador.

Com a narrativa de cunho literário, outra deve ser a atitude do autor. Aqui os incidentes poderão ser escolhidos e reorganizados, segundo a intenção que tiver; incidentes de maior ou menor importância podem ser livremente eliminados; ao contrário, certos passos podem ser acrescidos de importância e engrandecidos em sua significação. O espírito do artista, à procura de efeitos de beleza, pode chegar a derrogar os princípios de causa e efeito, ou os de sucessão necessária dos acontecimentos.

O interesse, que desperta a história, assim preparada, não será mais a de seu conteúdo, mas a arte havida na organização de seus elementos, o modo de dispô-los, com harmonia e graça, os efeitos de sugestão que deles se possam tirar.

Se, de uma parte, o entrecho se torna necessário, para atrair o espírito infantil, o seu valor como arte, e por isso mesmo, como efeito educativo, resultará não apenas do episódio, ou dos episódios descritos, mas, sim, de sua disposição, daquilo que poderíamos chamar de sua "plástica".

---

13 Como exemplo da permanência do critério da idade cronológica e psicológica do leitor para classificação dos livros de literatura infantil e juvenil, basta verificar os catálogos de divulgação das editoras de livros desse gênero, nos quais os livros vêm categorizados por "faixas de idades".

108   ESTELA NATALINA MANTOVANI BERTOLETTI

É esse o segredo dos verdadeiros artistas, seja na arte literária, seja nas artes plásticas em geral, ou, ainda mesmo, nas do ritmo. É êle que comunica à obra o seu aspecto característico de um ambiente, de uma atmosfera, de um poder de sugestão inefável. (Lourenço Filho, 1943c, p.161-2)

Conceituação e caracterização da literatura infantil e juvenil

O conceito de literatura infantil é amplamente traçado em todos os textos de Lourenço Filho *sobre* literatura infantil e juvenil e permanece o mesmo ao longo de todos esses textos.

A expressão "literatura infantil" permite a compreensão lata de todo material de letras produzido para o uso de crianças. (Lourenço Filho, 1943c, p.155)

Em sentido lato, a expressão *literatura infantil* pode abranger toda a produção destinada a crianças, em livros de cunho didático, ou de fins puramente recreativos. Contudo, vem ela sendo empregada, não só no Brasil, como em outros países, para indicar tão somente as obras deste último gênero. (Lourenço Filho, 1957a, p.579, grifos do autor)

No uso corrente, "literatura infantil" significa o conjunto de publicações que, sem conteúdo especialmente didático, sejam destinadas a crianças. Para especialistas na matéria, poderá significar realidade mais ampla. Entendem eles que, como os demais ramos das letras, também esse há de ser em cada país considerado expressão geral de sua cultura, com profundas raízes no passado, portanto ligado aos sentimentos do povo, suas tradições e aspirações. E têm toda razão. (Lourenço Filho, 1968, p.11)

Diferentemente do "resumo histórico" que o autor traça sem explicitar as fontes, na conceituação da literatura infantil Lourenço Filho se vale de fontes explícitas que não somente conceituam, caracterizam e justificam o gênero, mas também atestam o que *não é* literatura infantil, garantindo credibilidade ao conceito e aos textos.

Há na realidade, um género de literatura para crianças que não é a da história açucarada, ou de preocupação educativa *á outrance*, ou a de artificialismo pueril, e que não é também, a de fins didáticos. (Lourenço Filho, 1948a, p.67, grifo do autor)

Como para o adulto, a obra literária destinada ás crianças há de ser objeto de contemplação estética; deve ser poética, no bom e original sentido dessa palavra; deve saber criar e canalizar essa capacidade de sonho e de evasão própria e natural na infância; deve poder gerar, como a propósito de toda a literatura assinala Marcel Proust, esse estado dalma que êle mesmo chamou com tanta propriedade, de "estranha solidão povoada". Assim a leitura permitirá a fuga ou a evasão acoroçoando a liberdade de espírito. (ibidem, p.67-8)

Não se poderá negar [...] que esta literatura está cheia de disparates e trivialidades. A tendência de fazê-la veículo de formação moral tornou-a, muitas vezes, insossa. Ao invés de deixar falar as coisas e os fatos, fala o autor em demasia. Ao invés da vida real, aparece, a meúdo, a caricatura, em que se exageram os bons e os maus caracteres, com tipos extremados, nos dois sentidos – de modo que se recompensa excessivamente o bem e se castiga da mesma forma o mal. As "patriotadas" e os prejuízos de ordem sentimental abafam quasi sempre todo sentimento normal e são. As narrativas são pouco artísticas, sem cuidado de minúcias, sem plasticidade intuitiva; não atraem pela forma, nem pelo interesse na matéria. E é esta, muitas vezes, tão mal conduzida, que tais livros se tornam prejudiciais, senão ao menos, inteiramente inúteis para a educação estética das crianças. A grande afeição pela leitura, que se desperta, naturalmente, aos dez anos de idade, estiola-se, por isso, sem maior fruto, como um peso morto que não chega a transformar-se em força criadora. (Barth apud Lourenço Filho, 1943c, p.149-50)

Não é segredo para ninguém que, em todos os países, proliferam com-posições para crianças, sem expressão de maior beleza, valor sugestivo, comunicação poética verdadeira. São pequenas histórias destinadas a incentivar o hábito de leitura, por sua feição simplesmente anedótica, ou burlesca, ou pelo encanto das ilustrações que ensejam. Úteis, ainda assim. Mas serão expressões de arte?... Claro que não. Representam "artesanato", mais que arte verdadeira, assim como uma espécie de tricô das letras: dois pontos adiante, dois pontos atrás, uma laçada, e tome pontos e laçadas, até a página final... Essa a razão por que o velho cético do Anatole dizia que a maior parte dos livros infantis não despertam senão enfado ou repugnância aos leitores a que se destinam. (Lourenço Filho, 1966a, p.24)

O conceito de literatura infantil vai se firmando ao longo dos textos de Lourenço Filho *sobre* o gênero, mediante definições que buscam:
- *comparar* a literatura (para adultos) com a literatura infantil, pois ambas são "expressão de arte" e devem: "oferecer evasão e sonho", ser "objeto de contemplação estética", levar a uma "atmosfera de sugestão que leve o leitor a criar", servir de "deleite para o espírito, evasão e recreação"; mas também *separá-las,* pois a literatura infantil é "gênero literário especialíssimo";
- *diferenciar* a literatura infantil da literatura escolar ou didática, pois, embora ambas tenham um "fim prático", somente a primeira tem um sentido "criador positivo";
- *determinar* a especificidade da literatura infantil pela criança que a "consome" e que apresenta "níveis gradativos de evolução";
- *estabelecer* "funções" e "modalidades" da literatura infantil e também juvenil que assegurem a produção do gênero.

Nos textos *sobre* literatura infantil e juvenil, Lourenço Filho conceitua, portanto, o gênero como *arte.*

Que arte, porém?... Ainda que vise ao absoluto, objetivamente considerada tem expressão relativa, segundo as capacidades de cada autor e também as daqueles a quem se dirija e a quem deva suscitar os sentimentos do *belo.* (Lourenço Filho, 1957a, p.580, grifo do autor)

Por ser arte, portanto, a literatura infantil tem como fim a expressão do belo, "mas o belo das idades infantis", tornando-se "instrumento de profunda ação educativa" (Lourenço Filho, 1943c, p.157).

E não será esse, afinal, o apanágio de toda expressão de arte verdadeira?... Já assim o reconheciam os antigos. "Não é possível que, tomando de mira ao que é belo, não se alcance o que é bom", escrevia Platão, num de

LOURENÇO FILHO E LITERATURA INFANTIL E JUVENIL 111

seus diálogos. Ao que, Cícero havia de acrescentar depois: "É privilégio do belo não poder dissociar-se do bem". *Decori ea vis est, ut ab honesto non possit separari.* (ibidem, grifos do autor)

Em outras palavras: a comunicação de emoção estética e desinteressada da literatura infantil, ao mesmo tempo, deve ser "motivo para reflexões de estímulo a interesses normais e sadios" (Lourenço Filho, 1948a, p. 68), pois o gênero, segundo o autor, tem um "fim prático", revelando um sentido "criador positivo".

> Justamente por desinteressada, por não pretender senão fazer admirar o belo, a literatura infantil – arte que é – há de suscitar o bom gosto, o senso de medida, o desejo de superação; há de concorrer para o uso, crescentemente aprimorado, da linguagem, instrumento natural de comunicação e de expressão entre os homens, por si mesmo arte também; há de, enfim, cooperar, com as demais formas e processos de educação para a compreensão do pequenino mundo da criança, reflexo do mundo maior de coisas, ideias e sentimentos que a cerca. (Lourenço Filho, 1943c, p.157-8)

> Mas, para que seja arte, será preciso que o livro nos envolva numa atmosfera de sugestão, mais que de informação, e nos leve também a criar, conjuntamente com o autor. [...] Certo é, no entanto, que na vida mental, como na vida real, a liberdade não é um fim em si mesma. Esse sentimento de liberação só será útil na medida em que leve a construir, e nos ensina o bom gosto, o senso de medida, o desejo de aprimoramento de nossas próprias capacidades [...] (Lourenço Filho, 1948a, p.67-8)

Desse modo, o conceito de literatura infantil traçado nos textos de Lourenço Filho *sobre* o gênero dissemina um ponto de vista que considera especialmente a criança que a "consome", associando, por vezes de maneira ambígua e/ou paradoxal, às concepções estéticas e literárias concepções psicológicas e educacionais.

A essas concepções teóricas, o autor junta concepções de ordem mais "práticas" e busca traçar também as características dos livros do gênero, a seguir resumidas: o livro de literatura infantil deve representar uma mensagem "sincera e digna", ter unidade e harmonia, ter sentido

112 ESTELA NATALINA MANTOVANI BERTOLETTI

sugestivo ou poético, adequar sua forma (estrutura, vocabulário e sintaxe) à idade da criança, valer-se tanto de temas tradicionais, adaptados, como de temas novos, e utilizar-se ou não do maravilhoso.

Dos quatro aos oito anos, especialmente, as crianças movem o seu espírito num mundo de sonho e fantasia. Já alguém disse que, nessa idade, há uma coisa que todas as crianças compreendem: são os acontecimentos impossíveis... Lidar com elas representa um primeiro esforço para criar o "mundo interior", o mundo afetivo e intelectual, o mundo simbólico em que cada um de nós, mesmo adultos, vai encontrar refrigério para penas e decepções inevitáveis. A observação e a experiência nos mostram que essa fabulação desempenha um papel necessário no desenvolvimento psicológico, na infância, e ainda depois, como válvula de evasão.

Os que escrevem devem saber disso, mas devem também compreender que será preciso temperar o maravilhoso com o real, em doses gradativas. Do mundo egocêntrico, que se satisfaz com criações irreais, será preciso elevar as crianças ao de pensamento socializado, ou de características lógicas normais. Parece-me mesmo que é essa uma das grandes funções da literatura infantil e juvenil: utilizar do maravilhoso para sugerir o belo, o bom gosto, o ritmo e a cor, o movimento e o repouso, as visões ideais da bravura, desprendimento, bondade, valor do sacrifício.

Usar, porém, do maravilhoso pelo maravilhoso, nada significa. "Histórias bobas", dizem as crianças... E têm razão. (Lourenço Filho, 1959b, p.175-6)

A função formadora da literatura infantil

Como se pôde verificar aqui, a literatura infantil, para Lourenço Filho, são os livros escritos para crianças que tanto servem para "deleite"/"evasão" quanto para "sugestão"/"recreação". O primeiro está relacionado à essência da literatura infantil como literatura, e, por isso, arte, que visa a levar emoção estética à criança; a segunda, condiciona-se ao adjetivo "infantil", pelo fato de a criança, ser em formação, precisar ter desenvolvido o seu "mundo interior".

Esse conceito aqui retomado indica a "função formadora" da literatura infantil, segundo Lourenço Filho, reiterada em todos seus textos *sobre* o gênero.

LOURENÇO FILHO E LITERATURA INFANTIL E JUVENIL   113

Sua função capital é a de sugerir o *belo*, dentro dos recursos da mentalidade da criança. Fazendo-o, sugere o bem; concorre para a formação do gosto artístico; coopera no equilíbrio emocional da criança; dá-lhe horas de sadio entretenimento e de liberação espiritual; faz amar o idioma nacional; desperta o gosto literário, estimulando a criação; e, mais generalizadamente, sem dúvida, pelo hábito que inculca da boa leitura, prepara o consumidor das belas letras no homem do futuro. (Lourenço Filho, 1943c, p.160, grifo do autor)

Por certo que a literatura infantil – não fosse ela literatura – há de contentar a imaginação. Mas há de ser motivo para reflexões de estímulo a interesses normais e sadios. A necessidade de adaptação aos diferentes níveis ou graus da mentalidade infantil será uma consequência natural; harmoniosa, graça, beleza não hão de excluir a conveniência. A função capital do livro infantil será, portanto, a de sugerir o belo, despertando as forças íntimas, mais profundas, no sentido de que a criança se anime a conquistá-lo. Será a de oferecer horas de equilibrados entretenimento e de liberação espiritual. Paralelamente, há de fazer amar o idioma, despertar o gosto literário, e preparar, enfim, na criança, o futuro consumidor das boas letras. (Lourenço Filho, 1948a, p.68)

A literatura infantil há de suscitar, dentro desse critério, o bom gosto, o senso de medida, o incentivo de mais altos níveis de aspirações; há de concorrer para o aperfeiçoamento do uso da linguagem e o equilíbrio sentimental. Ademais, deverá facilitar a compreensão entre o pequeno mundo das crianças e o mundo das coisas, ideias e sentimentos do adulto.

Admitida essa maneira de ver, dela se infere as funções da obra literária destinada a crianças ou a adolescentes. A primeira dessas funções é a de servir, pelo motivo e pela forma, como *objeto de contemplação*, isto é, de deleite do espírito, fonte de sugestão, evasão e recreação. No poderoso sentido desta última palavra, deverá criar "de novo", estimular formas de nova sensibilidade e pensamento. Uma obra de arte sugere e faz sonhar, move o espírito de quem a contemple entre o seu motivo e o devaneio que suscita. (Lourenço Filho, 1957a, p.580)

Tenham ou não em vista o desenvolvimento de noções práticas, no mundo das coisas ou no mundo moral, os bons trabalhos de literatura infantil e juvenil normalmente se associam ao trabalho escolar quando convenientemente orientado. Numa palavra, servem à formação humana, representando valioso instrumento de transmissão e de aperfeiçoamento cultural. (ibidem, p.584)

Tal função de formação humana da literatura infantil é sintetizada pelo autor na retomada de Aristóteles do termo *catarsis,* como o "poder de purificar os sentimentos, imprimindo-lhes harmonia [...]" (ibidem, p.580) para aplicação do sentido psicanalítico ao termo – confirmado pelo psicanalistas modernos, segundo o autor –, como o de significar a transformação/depuração pelo espírito de complexos primitivos, elaborados na infância, ao aceitar os valores lógicos, morais e estéticos da cultura. E acrescenta que os estudos então mais modernos defendem que nas relações humanas é que surge o equilíbrio instável entre os sentimentos de segurança e insegurança.

Seja como fôr, concordam todos em que não se deve proporcionar às crianças situações de angústia, ou de terror; nem situações que façam prevalecer exemplos de maldade e crueldade; ou cenas que exaltem os sentimentos de conflito de cada idade. Ao contrário, tudo deverá concorrer para que se crie no espírito a resolução desse conflito, por incentivo a um desejo de aperfeiçoamento ou sublimação. Por essa forma é que a literatura infantil concorrerá para harmonizar e construir, tornando-se entretenimento saudável que a cada pequenino leitor acrescente uma provisão de sonho e de beleza. (ibidem, p.580-1)

Essa formação "emocional e mental" das crianças propiciada pela literatura infantil aqui descrita e delimitada está baseada na psicologia e diz respeito às modificações internas do indivíduo propiciadas pela leitura.

A criança "consumidora" da literatura infantil e juvenil

O adjetivo "infantil" é bastante realçado nos textos de Lourenço Filho *sobre* literatura infantil e juvenil, pois a criança, assumida do ponto de vista da psicologia, ocupa um lugar central no gênero, não somente determinando o destinatário dos livros, como também condicionando-o à "estética evolutiva" própria desse destinatário, segundo o autor.

LOURENÇO FILHO E LITERATURA INFANTIL E JUVENIL   115

Há uma "literatura" específica para as crianças, justamente porque estas a consomem; porquanto se torna possível levar-lhes a emoção estética, através das letras, nas condições naturais de seu gradativo desenvolvimento mental, emocional e cultural. Não admiti-lo, seria negar a própria substância da coisa. E, admiti-lo, como parece necessário, será aceitar também a compreensão desses níveis gradativos da evolução infantil, para que possa haver, no caso, a desejada comunicabilidade do *belo*. A compreensão artística da literatura infantil demanda, portanto, a aceitação de uma estética "evolutiva", ou genética, a ser estudada ou, ao menos, sentida pelos que escrevem para crianças. E como, também necessariamente, esse desenvolvimento estético se relaciona com a demais evolução psicológica da criança, e, em particular, com a de sua formação ética – tomado aqui o termo, no mais largo sentido, de ajustamento e integração da personalidade [...] (Lourenço Filho, 1943c, p.157)

Assim, nesses textos, a criança não somente é considerada por "consumir" literatura infantil, mas também para ser conhecida e servir de parâmetro para os meios e os fins do gênero. Os meios referem-se à expressão do *belo* da literatura infantil como *arte*, e os fins referem-se à adequação desse *belo* às "idades infantis", de modo a tornar-se *bom*.

Desse modo, nos textos *sobre* literatura infantil há a insistente e reiterada ideia do autor de adaptação, aos diferentes níveis de desenvolvimento dos seus leitores, de conteúdos, temas, ilustrações, forma e linguagem dos livros de literatura infantil, formando o que considera um "todo harmônico", a serviço do *bom*.

Essa necessidade de associação entre o *belo* e o *bom* parece relacionar-se à concepção romântica adotada por Lourenço Filho em relação à criança. A criança, para o autor, é a "linfa pura das fontes", é densa de ingenuidade e de boa alma simples; tem na infância sua personalidade nascente e o preparo de seu estilo de vida; seu mundo é reflexo do "mundo maior das coisas".

Nessa perspectiva, em virtude de a criança estar ainda em evolução "mental, emocional e cultural", a "emoção estética" do gênero deveria adequar-se aos seus níveis de desenvolvimento, mediante "recursos e técnicas específicas", pois, como adverte Lourenço Filho, "Colhe-se

116 ESTELA NATALINA MANTOVANI BERTOLETTI

o que se semeia...", ou pela voz de outrem, "o traço todo da vida é um desenho de criança aparentemente esquecido pelo homem, mas ao qual êle terá de se cingir sempre, sem mesmo que o saiba..." (Joaquim Nabuco apud Lourenço Filho, 1959a, p.179).

Nos textos de Lourenço Filho *sobre* literatura infantil e juvenil, portanto, esse gênero serve para equilibrar ou desequilibrar a personalidade da criança, para transformar os "complexos primitivos", para harmonizar ou construir personalidades "retas", pois a criança tem a personalidade "nascente" e é nessa fase da vida que, segundo o autor, se prepara o "estilo de vida" do homem futuro.

O escritor de literatura infantil

O escritor de literatura infantil está, destacadamente, entre os "interessados" pelo gênero a quem se dirigem os textos de Lourenço Filho *sobre* literatura infantil e juvenil, por isso é alvo constante, desde o primeiro desses textos, das considerações do autor.

Nessas considerações, Lourenço Filho enfatiza o papel do escritor e se dirige a ele de duas maneiras: uma, de modo prescritivo, ensinando-o a escrever literatura infantil, e outra, de modo indicativo, referindo-se a si próprio e ao processo de produção e repercussão de seus textos de literatura infantil e listando autores, de modo a indicar, com esses nomes, exemplos a serem seguidos e constituir um cânone literário do gênero.

O escritor de literatura infantil, ensina Lourenço Filho, além de ter preparação especial do ponto de vista literário, precisa conhecer os níveis de desenvolvimento infantil, assim como a psicologia da criança. Mais do que uma pessoa culta ou informada e capaz de imaginação, o escritor precisa sentir o mundo do espírito infantil, penetrar nele, comovendo e inspirando, para tornar-se "o artista que todo e qualquer gênero reclama" (Lourenço Filho, 1943c, p.163).

Esse caracterização do escritor parece encontrar eco em autores de "primeira qualidade" listados nos textos *sobre* literatura infantil, como Monteiro Lobato, Viriato Correia, Gustavo Barroso, Érico Veríssimo, Osvaldo Orico, Tales de Andrade, Narbal Fontes, Ofélia

Fontes, Lúcia de Almeida, Cecília Meireles, Renato Fleury, Jorge de Lima, Francisco Marins, dentre outros. Vale lembrar que este último mereceu um discurso na cerimônia de posse na Academia Paulista de Letras e foi reconhecido por Lourenço Filho como escritor fecundo e original, que associou à "glória de escritor" a "glória acadêmica".

Embora Lourenço Filho não se autoindique nessa lista de autores, informa que seus escritos para crianças foram consequência de seus estudos em psicologia e em educação e que as razões que o levaram a escrever para crianças giravam em torno do desejo de "contribuir para a tese" de que é possível produzir trabalhos para as crianças que contribuam com sua formação, completando: "Só comecei a escrever para crianças depois dos cinquenta anos, quando deixei de vez as atividades de administração escolar" (Lourenço Filho, 1959a, p.172). Ao referir-se à sua produção, Lourenço Filho (1959a, p.177) deixa subentendido como se caracteriza um escritor: "Quando alguém componha uma história para a infância com elevados propósitos, vela por ela como uma parte de seu próprio espírito; procura verificar no que acertou e no que tenha errado; e procura corrigir".

Além disso, revela-se como sinônimo de sucesso, ao comentar, com otimismo, a difusão de seus livros para crianças e o público que eles atingiam.

> As informações sobre o público interessado por meus trabalhos me têm sido fornecidas, a cada ano, pela editora a que entreguei a publicação. E esses resultados muito me contentam. Da série de pequeninas *Histórias do Tio Damião*, em 12 fascículos, já se imprimiram mais de meio milhão de exemplares, em quinze anos. Da série *Pedrinho*, composta de cinco livros de uso escolar, mas também por muitas crianças lidos como recreação, já se divulgaram mais de um milhão de exemplares, em seis anos. De um livro maior, *São Paulo*, da série *Viagens através do Brasil*, publicado em 1954, tiraram-se 30 mil exemplares, em duas edições, e já se prepara a terceira. (ibidem, p.177-8, grifos do autor)

Escola, mercado e literatura infantil

Como se pôde verificar nos tópicos anteriores, Lourenço Filho considera a literatura infantil também como "instrumento de educação"; em vista disso, a relação desse gênero com a escola é amplamente explicitada em todos os textos aqui considerados, de duas maneiras: a literatura infantil encontra sua gênese ligada à escola e a escola é um lugar privilegiado para o trabalho com a literatura infantil.

De acordo com a primeira, o autor tem o cuidado de separar a literatura escolar ou didática da literatura infantil, uma vez que aquela é formada por "livros próprios para estudo". Essa relação, no entanto, não é apresentada por Lourenço Filho como um problema a ser vencido, pois, para ele, a literatura infantil obteve sua expansão em virtude da "disseminação do ensino primário", da organização de bibliotecas escolares e de estudos desenvolvidos por educadores. Além disso, ela pode também servir de veículo de "informação, conhecimento e ensinamentos", apontando para a segunda maneira de como Lourenço Filho considera a relação entre literatura infantil e escola, na qual são os professores que "orientam a seleção das leituras" e, por isso, são, também, responsáveis pela expansão da literatura infantil, à época. Correspondendo aos objetivos da escola primária, a literatura infantil coopera, segundo o autor, com os processos de educação e para a compreensão do mundo da criança.

Essa relação leva a outra, apontada por Lourenço Filho nos textos *sobre* literatura infantil: a do mercado de livros para crianças, revelando as concepções editoriais do autor, cultivadas ao longo de sua carreira. Fomentado pela escola, o mercado editorial teve sua expansão a partir da década de 1940, revela Lourenço Filho, por ter-se tornado mais amplo e mais remunerador, estabelecendo-se uma concorrência que ampliou os esforços de autores e editores, afirma, com conhecimento de causa.

O "especialista na matéria"

Conforme se pôde verificar no capítulo 1, em 1943, ano do início de sua produção mais sistematizada *sobre* literatura infantil e juvenil, residindo no Rio de Janeiro, Lourenço Filho já era bastante conhecido e respeitado em âmbito nacional no campo da literatura infantil, sobretudo em razão da produção de textos sobre assuntos correlatos ao gênero, como livros e leitura; de sua condição de membro da Academia Paulista de Letras e autor premiado pela Academia Brasileira de Letras; da função de organizador da coleção Biblioteca Infantil, revisando textos e orientando autores/adaptadores de literatura infantil, e de consultor editorial da Companhia Melhoramentos de São Paulo emitindo pareceres a textos do gênero; do fato de ser autor dos dois primeiros números da Série Histórias do Tio Damião; e da sua atuação como presidente da Comissão Nacional de Literatura Infantil.

Em vista disso, Lourenço Filho assumiu um papel de "vanguarda" como tematizador do gênero, articuladamente às urgências educacionais e culturais de âmbito nacional da época, em relação à disseminação da leitura, por meio da escola pública. Assim, o reconhecimento e o respeito adquiridos se acentuam e se ratificam nos textos *sobre* literatura infantil a partir de então, à época de circulação e ainda hoje, em relação ao texto "Como aperfeiçoar a literatura infantil", uma vez que Lourenço Filho assume a literatura infantil como "instrumento de educação", inserindo-a num projeto maior de educação. Para isso, considera a literatura infantil como *arte*, revelando conhecimentos sobre literatura infantil e sua história, mas acaba por restringir essa *arte* a um "fim prático". Esses conhecimentos podem ser averiguados não somente nos aspectos teóricos difundidos em seus textos e nos aspectos históricos, que *determinam* a existência do gênero em âmbito universal e nacional, mas também nos termos e conceitos avançados para a época em que foram publicados, utilizados pelo autor para o tratamento da matéria, como "produção"; "consumação"; "literatura juvenil"; "trivialidades" etc.

120 ESTELA NATALINA MANTOVANI BERTOLETTI

Além disso, à época, Lourenço Filho era considerado "escritor" de literatura infantil, sobretudo pela Academia Brasileira de Letras, pelas editoras e pelos escritores. Em vista disso, o esforço empreendido por esse autor em tematizar o gênero em sua produção à época propiciou-lhe a oportunidade de sistematizar, no que se refere à constituição da literatura infantil como objeto de estudo, a literatura infantil brasileira, num discurso de autoridade, e não apenas ser reconhecido, mas também autointitular-se como "especialista" que "uma já longa experiência do assunto e a observação dos fatos, no país e no estrangeiro permitem apontar" (Lourenço Filho, 1943c, p.165-6).

Essa "especialização", ainda, pode ser compreendida pela permanência, ao longo do tempo de publicação de seus textos *sobre* literatura infantil e juvenil, dos mesmos fundamentos teóricos, geralmente retomados e ratificados, e poucas vezes atualizados e retificados, como já se pôde verificar aqui. Essa permanência permitiu ao autor fornecer pistas para o "assentamento", em 1968, de bases para um "programa de pesquisa" nesse campo de conhecimento, coincidindo com o conhecido *boom* do gênero no Brasil, graças à circulação de seu texto em um livro que se tornou obra de referência para os estudos sobre literatura infantil, no Brasil. Em outras palavras: poucas foram as mudanças ocorridas na tematização do gênero feita por Lourenço Filho nesses textos, transmitindo uma certa credibilidade e, como já dito, "especialização na matéria" a esse autor.

Essa credibilidade se explica também pela fundamentação desses textos em pressupostos teóricos de "autoridades" nacionais e internacionais do assunto, "antigos" ou "novos", como quer o próprio autor: Platão, Cícero, Aristóteles, De Bonald, Taine, Brunnetière, Mendes dos Remédios, Paul Barth, Storm, Marcel Proust e Anatole France. Assim, Lourenço Filho imprimiu rigor, cientificidade e erudição a seus textos *sobre* literatura infantil, contribuindo significativamente para elevar a literatura infantil a gênero e campo de conhecimento específicos e, ao mesmo tempo, incentivar o aperfeiçoamento da produção do gênero, aproximando-o da literatura (para adultos).

LOURENÇO FILHO E LITERATURA INFANTIL E JUVENIL   121

Quer-nos parecer, no entanto, que esteja a faltar entre nós mais precisa conceituação do gênero *literário especialíssimo*, que é a literatura infantil; e, para sermos francos, tem-nos faltado medidas sistemáticas tendentes à sua elevação, ou "significação social", digamos assim, e que encorajem maior número de autores de alta qualificação a juntar-se aos que, do mesmo valor, de modo continuado ou acidentalmente, tenham já dedicado a necessária atenção ao assunto. (Lourenço Filho, 1943c, p.165, grifos meus)

a literatura infantil é coisa tão séria que não será demais que relembremos algumas ideias e permutemos outras.

Em nosso entender, *a literatura para gente meuda não se diferencia da de gente grande* [...] (Lourenço Filho, 1948a, p.66-7, grifos meus)

A obra literária infantil tem como objetivos gerais os mesmos da de belas-artes, em geral, isto é, a expressão estética. (Lourenço Filho, 1957a, p.579, grifos meus)

Esse incentivo ao aperfeiçoamento da produção se guiava pela tônica de acusação da má qualidade dos textos, pelo apontamento dos avanços, pela indicação de nomes de "bons" autores de literatura infantil e por sugestão de medidas de melhoria. Desse modo, Lourenço Filho contribuía para formar a opinião de escritores, editores, acadêmicos, ilustradores, pais, professores e público infantil e juvenil quanto ao problema e sua solução, contribuindo, ainda, para a ampla divulgação do gênero não somente para os especialistas e interessados, conforme apontado, mas para o mercado editorial, do qual fazia parte.

Assim, de modo amplo, ao adotar uma racionalidade para abordagem do objeto, Lourenço Filho conferiu um estatuto acadêmico-científico aos estudos *sobre* literatura infantil. Para tanto, esse autor explicita sua maturidade etária e profissional quando ele próprio se propôs a escrever para crianças, e acentua a fundamentação de seus livros para crianças em estudos de psicologia e educação, como exemplo a ser seguido.

Em suma, os textos de Lourenço Filho *sobre* literatura infantil e juvenil, apresentados como "simples descrição" ou "relatório", de quem vai apenas "dizer alguma coisa" sobre literatura infantil, pelo estilo prescritivo, normativo e doutrinário na apresentação de seu conteúdo, oferecem medidas sistemáticas, pautadas por discussões amplamente fundamentadas e por argumentações cerradas, "ensinam" a produzir e a criticar literatura infantil, buscam interlocução com os "entendidos" e com os interessados no assunto, configurando-se em textos de referência para a produção e teorização do gênero, até os dias atuais.

3
A PRODUÇÃO DE LOURENÇO FILHO DE LITERATURA INFANTIL – A SÉRIE HISTÓRIAS DO TIO DAMIÃO

Trajetória editorial

Os títulos da Série Histórias do Tio Damião tiveram suas primeiras edições publicadas entre 1942 e 1951, com reedições até 1958, conforme apresento no Quadro 7.

Conforme se pôde verificar no Quadro 7, os livros que compõem a Série Histórias do Tio Damião tiveram de uma a oito edições num intervalo de 16 anos. Esse longo período de circulação e a média de reedições de seus títulos dão mostra da importância dessa Série para a formação de leitores em um determinado período da história de nossa literatura infantil, dado o aspecto quantitativo que esses dados apontam, especialmente quando comparados com a concorrência que se instalou no mercado editorial de livros de literatura infantil, a partir da década de 1940, graças à expansão desse mercado.

Mesmo os intervalos sem publicação de reedições ou de novas edições ou, ainda, o decréscimo do número de reedições de cada título não são fatores que atestam contra essa importância que se traduz em sucesso, uma vez que, a cada reedição de título, foram aumentadas suas tiragens. No Quadro 8, apresento a tiragem total de exemplares de cada título da Série.

Quadro 7 – Edições e reedições dos títulos da Série Histórias do Tio Damião, por ano

Título	1942	1943	1944	1945	1946	1947	1948	1949	1950	1951	1952	1953	1954	1955	1956	1957	1958
Totó	1ª	–	–	–	–	–	–	–	–	–	–	–	–	–	–	–	8ª
Baianinha	1'	–	–	–	–	–	–	–	–	–	–	–	–	–	–	–	–
Papagaio Real		1ª	2ª	3ª	4ª		5ª		6ª								7ª
Tão pequenino...		1ª	2ª	3ª		4ª		5ª	6ª								
Saci-Pererê	–	–	1ª	2ª	–	–	3ª	–	4ª	–	–	–	–	–	–	–	5ª
O indiozinho			1ª	2ª			3ª		4ª								5ª
A irmã do indiozinho					1ª, 2ª			3ª				4ª					
A Gauchita					1ª, 2ª			3ª				4ª					
A formiguinha					1ª			2ª				3ª					
No circo	–	–	–	–	1ª	–	–	–	2ª	–	–	–	3ª	–	–	–	–
Maria do Céu										1ª							2ª
E eu, também...										1ª							

Fonte: Monarcha; Lourenço Filho (2001).

LOURENÇO FILHO E LITERATURA INFANTIL E JUVENIL 125

Quadro 8 – Tiragem total de exemplares de cada título da Série Histórias do Tio Damião

Títulos	Tiragem total
Totó	–
Baianinha	–
Papagaio Real	111.000
Tão pequenino...	91.000
Saci-Pererê	90.000
O indiozinho	90.000
A irmã do indiozinho	66.000
A Gauchita	66.000
A formiguinha	56.000
No circo	56.000
Maria do Céu	40.000
E eu, também	20.000
Total	686.000

Fonte: Monarcha; Lourenço Filho (2001)

Como se pode perceber pelos dados do Quadro 8, as tiragens que pude obter variaram entre 20 mil e 110 mil exemplares, e cada título teve, em média, tiragens totais que somaram mais de 60 mil exemplares. Esses dados, correlacionados com o aumento do número de leitores, por meio da expansão da escolarização (ver Quadro 5), são bastante significativos, e o são mais ainda se considerados junto ao número de crianças alfabetizadas na população do Estado de São Paulo – local da publicação da Série – em 1950, conforme o Quadro 9.

Quadro 9 – Crianças em idade escolar alfabetizadas,[1] na população do Estado de São Paulo, em 1950

Idade	Alfabetizadas
7 anos	46.369
8 anos	82.000

Fonte dos dados brutos: *Educação e Sociedade no Brasil* (apud Romanelli, 2003).

---

1 Considerei apenas as crianças com idades dos destinatários da Série. Não obtive, no entanto, dados sobre o número de crianças de seis anos alfabetizadas. É possível que esse número seja pequeno, uma vez que a idade a que o curso primário atendia era a partir de sete anos, o que leva a inferir que a Série se destinava, também, para leitura no lar, pela família.

126 ESTELA NATALINA MANTOVANI BERTOLETTI

Pode-se verificar que o número total de tiragens da Série Histórias do Tio Damião supria o número total de crianças alfabetizadas para quem se destinava em seu estado de origem, o que denota um projeto ousado, mas em consonância com um mercado amplo e remunerador. As tiragens das primeiras edições, geralmente, eram de cinco mil ou dez mil exemplares, aumentando para dez mil ou 16 mil já na segunda edição e se mantendo ou aumentando para vinte mil exemplares nas edições seguintes. O número menor de tiragens das primeiras edições parece fazer parte do projeto editorial da Série; a editora demonstrava um certo cuidado com a concorrência e, para se garantir, "sondava" inicialmente o mercado e só depois "ousava" um pouco mais, aumentando as tiragens. O aumento do número de exemplares por tiragem, por sua vez, pode ser considerado mais um dos indicadores da boa receptividade que tiveram os livros da Série.

Grande parte dessa importância da Série deve-se, portanto, também à editora.[2] A Companhia Melhoramentos de São Paulo foi uma das editoras que empreenderam pioneiramente a difusão e nacionalização de cartilhas, livros de leitura, de literatura infantil e de livros de teorias educacionais.

Participando da concorrência do mercado editorial de livros infantis, essa editora priorizou a publicação de livros para crianças, investindo no aprimoramento gráfico desses livros, na ampliação do circuito de comercialização de livros, aceitando pedidos mediante mensagem telegráfica, conforme códigos difundidos nas páginas de rostos dos livros da Série e entregando o trabalho editorial a "entendidos" no assunto da leitura, literatura e crianças: professores e autores voltados para a história e a educação (Lima, 1985), a exemplo de Arnaldo Barreto e Lourenço Filho.

Acumulando atividades gráficas, editoriais e a fabricação do papel, na década de 1940, representadas pelo *slogan* "Do pinheiro ao livro – uma realização Melhoramentos", a editora contribuiu com a

---

2 É importante lembrar que Lourenço Filho participava ativamente da editora Melhoramentos, como "segundo ego", o que indica sua influência nas decisões editoriais ligadas à literatura infantil.

LOURENÇO FILHO E LITERATURA INFANTIL E JUVENIL   127

expansão do mercado editorial pela edição e comercialização de livros dos principais expoentes do pensamento escolanovista, priorizando os livros para crianças, tanto didáticos quanto recreativos e teóricos sobre a educação infantil, adotando a decisão de consolidar a literatura infantil como gênero literário (Donato, 1990).

O empreendimento na área gráfica, editorial e industrial da Companhia Melhoramentos pode ser apontado como uma das possíveis justificativas para seu êxito editorial no mercado livreiro, além da propaganda extensiva para divulgação dos livros nas terceiras ou quartas capas, em folhetos ou catálogos, nas propagandas em revistas, nas campanhas de vendas, na publicação em periódicos, em textos de crítica literária e em resenhas de livros, em exposições, mostras e feiras e na publicação de livros para crianças, especialmente, em séries ou coleções.

Projeto gráfico

A Série Histórias do Tio Damião conta com um projeto gráfico bem cuidado e inovador para sua época. Todos os livros têm formato pequeno, que oscila entre 10,5 x 24 cm e 10,5 x 23,5 cm, o que se deve ao recorte não linear das margens direita e superior que acompanham os contornos da ilustração da capa. Esse formato é bastante original e inusitado para a época, representando o incremento do aspecto gráfico conquistado pelas artes gráficas em geral, e, especialmente, pelos livros para crianças, no Brasil, a partir da década de 1930.

As mensagens publicitárias nas terceiras capas de alguns livros da Série enfatizam esse caráter original e bem cuidado do projeto gráfico da Série:

> Livrinhos atraentes pelo seu formato original, bem ilustrados, contam, às crianças que se iniciam na leitura, histórias leves e agradabilíssimas. (Melhoramentos, 1958, s.p.)

A encadernação dos livros foi feita em brochura, o que se generalizou na década de 1920 (Lima, 1985); a impressão foi feita em papel jornal, de boa qualidade, sendo a impressão das capas em papel cartonado. Essas características também atestam os cuidados dispensados e as renovações gráficas da Série empreendidos pela Companhia Melhoramentos, que mantinha em sua empresa uma seção de aprendizado para o gráfico que se iniciava, geralmente, aos 17 anos, visando ao aperfeiçoamento de seu produto (ibidem). Além disso, Lourenço Filho se empenhava no cuidado de todos os detalhes da confecção de seus livros, acompanhando, orientando e sugerindo o que deveria ser feito.³

Todos os exemplares da Série têm capa e quarta capa ilustradas e coloridas. As capas dos 11 livros analisados são compostas pelos mesmos elementos: fundo colorido, figura que ocupa toda a largura e altura do livro (exceção feita ao livro *Maria do Céu* [1951a]) e título do livro no rodapé da página. Essa distribuição deixa transparecer grande preocupação com a forma, não somente pelo desenho figurativo das capas dos títulos da Série, como também por sua disposição no papel. O título, ao pé da página, funciona como uma legenda da ilustração da capa que, no todo, busca agir como um quadro. As tonalidades vivas, compactas e vibrantes das ilustrações das capas também contribuem para a inferência de que se trata de um quadro com legenda que busca atrair o leitor por seu colorido, sua beleza e forma.

---

3 Informação obtida em conversa informal com o Dr. Ruy Lourenço Filho, em 1997.

Além disso, produzem grande efeito gráfico as inovadoras e interessantes quartas capas, criadas para dar uma dimensão dupla da ilustração da capa, pois nelas há a mesma ilustração da capa, estando, no entanto, invertida a posição da figura. Ou seja, aberto o livro, pode-se visualizar a figura da capa de frente e de costas ou do lado direito e do lado esquerdo, na mesma posição e colorida da mesma forma. Esse efeito é conseguido em dez dos 11 livros analisados. Em *Maria do Céu* (1951a), como exceção, mas com o mesmo efeito, a quarta capa foi criada para dar uma dimensão total do livro, ou seja, aberto o livro pode-se visualizar a continuidade da ilustração da capa.

As páginas de rosto dos 11 livros da Série, por sua vez, buscam oferecer informações não somente sobre o título da Série, o título e o número do livro, mas também o nome do ilustrador, o que se caracteriza como uma inovação de época, como valorização da profissão de ilustrador.[4] No entanto, o nome do autor dos livros, na maioria das edições, não aparece indicado.

---

4 Até a década de 1920, não era comum a indicação do nome do ilustrador nas capas e frontispícios dos livros. A esse respeito, ver, sobretudo, Werneck (1991); Camargo (1995).

Na maioria das páginas de rosto há vinhetas[5] extraídas de páginas do miolo dos livros, uma vez que, a partir da década de 1920, com o crescimento do setor gráfico no Brasil, tornou-se comum o fato de a ilustração da página de rosto estar associada ao miolo do livro, repetindo exatamente uma de suas ilustrações (Lima, 1985). Essas vinhetas, como todas as ilustrações do interior dos livros da Série, tinham apenas detalhes coloridos por uma só cor, geralmente variações de tons de vermelho.

A impressão do texto a partir da página 3 é feita com letras de tamanho médio (equivalente à fonte Times New Roman, 14, nos padrões de hoje) em mancha que ocupa em média 7 x 10 cm da página, antecedida por cabeções[6] que têm, em média, 7 x 7 cm, separados do texto por, aproximadamente, 1 ou 2 cm. Como se pode perceber, há espaço e margem suficientes para não "poluir" a página, tampouco deixar o texto "solto" demais, demonstrando cuidado com a aparência do livro.

---

5 A vinheta é uma ilustração pequena que ocupa até cerca de um quarto da página, de acordo com Camargo (1995).
6 O cabeção é a vinheta que se posiciona no alto da página, antes de iniciar o texto escrito, de acordo com Camargo (1995).

As ilustrações revelam-se sóbrias e eficientes, com ênfase em seu caráter narrativo, elucidativo e/ou referencial, em decorrência da ideia de integração entre texto e imagem e, em especial nessa Série, porque, segundo Lourenço Filho (1959b), a ilustração reforça o poder de verdade e fantasia do texto literário. Essas observações valem para os 11 livros analisados da Série, haja vista que, mesmo tendo sido ilustrados por diferentes artistas, como se pode verificar no Quadro 10, o projeto gráfico permaneceu o mesmo.

Quadro 10 – Ilustradores dos 11 livros analisados da Série Histórias do Tio Damião

Número	Título	Ilustradores
1	Totó	Dorca
2	Baianinha	Dorca
3	Papagaio Real	
4	Tão pequenino...	Marianne Miillenhoff[1]
5	Saci-Pererê	Acquarone
6	O indiozinho	Acquarone
7	A irmã do indiozinho	M. Colonna
8	A Gauchita	M. Colonna
9	A formiguinha	Dorca
10	No circo	Dorca
11	Maria do Céu	Oswaldo Storni

1 Na quarta edição de Tão pequenino..., o nome da ilustradora aparece como Marianne Jolewicz. Trata-se, no entanto, da mesma ilustradora, pois as ilustrações são as mesmas nessa e na primeira edição. Não obtive, até o momento, mais informações sobre essa ilustradora para compreender o porquê da mudança de nome. Não obtive também maiores informações sobre os outros ilustradores, uma vez que faltam estudos sobre ilustradores e ilustração.

Fonte: Histórias do Tio Damião (1942-1951).

Pode-se considerar que o projeto gráfico dos ilustradores arrolados no Quadro 10 para as ilustrações dos livros da Série não as caracteriza como "arte do tempo", mas sim como "arte do espaço",[7] pois as ilus-

---

7 As ilustrações ligadas à "arte do tempo" provocam uma evocação narrativa no leitor, como se esse entrasse em contato com o texto escrito por meio da ilustração, num processo de extensão da leitura; as ilustrações ligadas à "arte do espaço" têm seu conteúdo percebido num só golpe de vista, que leva a imaginação a continuar trabalhando depois dessa brusca percepção. A esse respeito, ver, especialmente: Werneck (1991).

trações são ligadas à síntese do texto escrito, como se o leitor entrasse em contato com o texto escrito por meio da evocação narrativa que a ilustração sugere e não como extensão da leitura.

A narrativa

As histórias

Totó

Em *Totó*, tem-se a história de um filhote de cachorro que apareceu na casa de Dedé, vindo "não se sabe de onde", "sem ensino" e sem "bom comportamento", e que comete, por isso, algumas travessuras. Por causa do seu mau comportamento, Totó é castigado, ficando preso à coleira no quintal, onde aprende a ser obediente e é, por isso, solto, sendo recompensado com o carinho de todos da casa.

Baianinha

Em *Baianinha*, tem-se a história em que Dedé passou a ser chamada de "Baianinha", porque havia participado, sem que ninguém soubesse, de um baile de Carnaval na casa de titia, fantasiada de baiana. Apesar da travessura, a menina não foi castigada, pelo contrário, foi aplaudida pela graça e desenvoltura que demonstrou no baile.

Papagaio Real

Em *Papagaio Real*, tem-se a história em que Dedé ganhou do Tio Damião um papagaio que não falava. Após uma longa espera pela fala do papagaio, Dedé descobriu que se o chamasse de "Papagaio Real, de Portugal", ele falava, e se o chamasse de "papagaio louro", ele calava. Dominando a fala do papagaio, Dedé conseguiu que não o mandassem de volta para o Tio Damião, pois a ave passou a ser considerada "ensinada".

Tão pequenino...

Em *Tão pequenino...*, tem-se a história em que Dedé ganhou um gato da vizinha, Dona Amélia, ao qual ela deu o nome de Gato-flor. Como era ainda muito pequeno, o gatinho miava muito e, por isso, Dedé teve que devolvê-lo à vizinha, que junto com a gata Mimosa, mãe do gatinho, cuidou dele até ele crescer. Após algum tempo sem ver o gatinho, Dedé encontrou-o novamente e ele estava crescido, gordo e forte, por isso a menina não acreditou que aquele fosse o seu Gato-flor.

Saci-Pererê

Em *Saci-Pererê*, tem-se a história em que Dedé, indo brincar na casa do vizinho, conheceu outras crianças – Tininha, Maria Amélia, Selene, Naná e Evaristinho –, e também a lenda do Saci-Pererê, a qual foi narrada por Tia Sabina, uma velha criada da casa, cheia de superstições. Ao final, as crianças não se convenceram das crendices de Tia Sabina e encararam a lenda com muito bom humor.

O indiozinho

Em *O indiozinho*, tem-se a história de Amberé, narrada por Tio Damião a Dedé. Amberé era um indiozinho de 12 anos, valente, habilidoso, esperto e observador, que, de acordo com o Tio Damião, representa os índios em geral em sua força, valentia, bondade e ajuda para construir o Brasil.

A irmã do indiozinho

Em *A irmã do indiozinho*, tem-se a história de Panambi, narrada por Tio Damião a Dedé. Panambi, irmã de Amberé, tinha a idade de Dedé, era uma indiazinha boa, viva e alegre, que exercia na tribo todo o trabalho que cabia às mulheres daquela cultura. Ao ouvir a história de Panambi, Dedé, que quisera ser uma indiazinha, desiste da ideia, preferindo o papel da criança de sua cultura branca.

A Gauchita

Em *A Gauchita*, tem-se a história em que Rosa, a gauchita, conversa com Dedé a respeito do Estado do Rio Grande do Sul. Na conversa, Rosa informa aspectos da linguagem e dos usos e costumes do povo gaúcho, enaltecendo-os por sua força e coragem.

A formiguinha

Em *A formiguinha*, tem-se a história narrada por Vovó a Dedé da formiguinha que, aborrecida por ficar no formigueiro, por causa da chuva, sai de lá e fica presa à lama, por mais de meia hora, até o sol desfazê-la. A formiguinha começa, então, a perceber que, embora a lama seja forte, o sol é ainda mais, e a observar que havia outras coisas mais fortes ainda – o morro que escondia o sol, o rato que roía o morro, o gato que comia o rato, o cão que mordia o gato, o homem que batia no cão –, até perceber que Deus era mais forte que todos, pois foi Ele que fez todas essas coisas, sendo Ele a bondade acima de todas as coisas. Vovó concluiu que quando somos bons, amamos e servimos a Deus.

No circo

Em *No circo*, tem-se a história em que Dedé foi ao circo com Tio Damião e conheceu a rotina, os costumes, os artistas e os funcionários, até ser beijada nas faces por um palhacinho, que descera de paraquedas, como se caísse das nuvens, e ter a pintura da cara dele passada inteira para seu rosto.

Maria do Céu

Em *Maria do Céu*, tem-se a história em que Maria do Céu conversa com Dedé sobre o Estado do Ceará. Na conversa, Maria do Céu informa aspectos da linguagem, dos usos e costumes do povo cearense, enaltecendo-os por sua força, alegria e bondade e ressaltando que as migrações dos cearenses para o Norte e para o Sul provam que todos somos brasileiros.

E eu, também...[10]

Em *E eu, também...*, tem-se a história de Dedé e seu tio que brincam de "E eu, também...", e Dedé, ganhando o jogo, ganha uma boneca baiana.[11]

Personagens

Além do aspecto gráfico, outro aspecto que caracteriza Histórias do Tio Damião como Série é a presença de personagens que transitam de um livro para outro. Dedé é a única personagem que está presente em todas as histórias; Tio Damião, Mamãe, Papai, Vovô e Vovó também "transitam" entre as histórias, porém com menos frequência que a personagem menina. Curioso, nesse aspecto, é a ausência do Tio Damião em todas as histórias, uma vez que é seu nome que se encontra no título da Série.

Outro aspecto relevante em relação às personagens na Série é o fator idade que, embora não venha explicitado no texto, é requisito para a composição dos personagens centrais. Os personagens crianças como protagonistas de histórias para crianças são explorados à exaustão na literatura infantil moderna, tal como jovens são, em geral, protagonistas da literatura juvenil, visando garantir a empatia do leitor que se identifica com o personagem, pois compartilha com ele os mesmos problemas e visão de mundo, assim como os animais antropomorfizados, representantes da interioridade da criança e, por isso "refúgio, desforra, pausa recreativa e compensadora que permitirá melhor enfrentar esse universo de regras [o mundo adulto]" (Held, 1980, p.106).

Em vista disso, na Série Histórias do Tio Damião, personagens crianças, como Dedé, Tininha, Maria Amélia, Selene, Nana, Evaristinho, Amberé, Panambi, Rosa e Maria do Céu, e animais antropomorfizados, como Totó, Gato-flor, o papagaio e a formiguinha, ocupam um plano central no conjunto das narrativas.

Essa posição de centralidade da criança ou do animal que a representa pode ser verificada em suas ações e caracterizações e em suas relações com os personagens adultos, no cotidiano familiar, visando refletir não somente na imagem da criança que se quer transmitir para o leitor de uma faixa etária específica – seis a oito anos –, mas também representar o novo modo de ver a criança, sob a óptica da psicologia.

Dedé representa essa centralidade. Menina pequena, presumivelmente com a idade do leitor previsto para a Série, Dedé apresenta-se inocente, curiosa, carinhosa, questionadora, esperta, espirituosa, educada, bem humorada e sapeca nas histórias da Série, embora essas características sejam apresentadas de maneira indireta, pelas ações do personagem, uma vez que se trata de narrativas econômicas e breves.

Dedé mantém uma relação de respeito e obediência em relação à família, comum à época, como se pode observar nos fragmentos:

> – Abra a porta, Baianinha!
> – Pronto, titia.
> – Baianinha, venha cá!
> – Fique quieta, Baianinha!
> – Sim, senhora, mamãe. (Lourenço Filho, 1942b, p.3)

> – *Baianinha!*
> – Já vou indo, papai... (ibidem, p.16, grifo do autor)

mas também revela alguma autonomia, independência e poder, quando:

• intervém, adia e ameniza o castigo de Totó: "Dedé pediu que não o castigassem. E, desta vez, Totó não foi castigado" (Lourenço Filho, 1942a, p.6); "Mas Dedé chegou e pediu que, ainda desta vez, o Totó não fosse castigado. – *Sim*, mas ele vai é para a corrente!" (ibidem, p. 8, grifo meu);

• interpela as ordens de Mamãe e resolve realizar seu desejo de ir ao baile de Carnaval, não recebendo, por isso, nenhuma punição; pelo contrário, Dedé consegue ser aplaudida em sua atuação:

> A titia voltou à sala, chamando ainda:
> – Dedé! Dedé! onde é que você está?
> Então, Dedé tirou a máscara e cantou, assim:
> *Você já foi à Baía?...*

Não?!... pois vá, titia!...
Todos bateram palmas, rindo-se muito.
A Mamãe não ficou zangada, não.
Achou até muita graça.
E todos acharam também muita graça na ideia da menina. (Lourenço Filho, 1942b, p.15, grifos do autor);

• defende e consegue a permanência do papagaio em sua casa e descobre como fazê-lo calar ou falar:

– Dedé, mande esse bicho outra vez para o Tio Damião! A Dedé pediu que o bicho ficasse ali mais alguns dias. Porque ela queria pedir-lhe que gritasse menos.
– Papagaio *louro*, grite menos, grite menos, papagaio *louro*... Ouvindo isto o papagaio se calou.
E ficou triste, muito triste, no seu poleiro, o dia todo, fechando os olhinhos como se quisesse dormir...
Então Dedé já sabia, e fazia o papagaio falar ou calar:
Quando dizia *Papagaio Real, de Portugal*, ele gritava.
Quando dizia *Papagaio louro*, ele calava. (Lourenço Filho, 1943a, p.14-16);

• curiosa pela história do Saci, busca conhecê-la pela voz adulta de Tia Sabina, mas não se influencia por ela; a exemplo das crianças da casa do vizinho, Dedé não se convence do ponto de vista "antigo" da velha senhora e, mesmo não conhecendo a história do Saci, desbanca a crendice de Tia Sabina:

– Saci-Pererê? que história é essa? perguntou ela.
– Pois é mesmo uma história que os antigos contavam, explicou a Tininha.
– Uma história?...
– Sim. Diziam que nas matas morava um menino de uma perna só. Mesmo assim ele saltava muito depressa. E diziam que tinha sempre na cabeça um barretinho vermelho...
– Que coisa engraçada!... e que fazia o Saci?

– Dizem que ele assobiava e corria atrás das pessoas, que passassem na estrada para lhes pedir fogo.
– Pedir fogo?... mas pedir fogo para quê?... (Lourenço Filho, 1944a, p.5-6)

– Mas estava tudo muito escuro, Tia Sabina? perguntou a Dedé.
– Sim, estava mesmo...
– Mas, Tia Sabina, se estava tão escuro, como é que seu pai viu que o barrete era vermelho e que o cachimbinho estava apagado?...
– Hum\ Hum\ isso agora é que também não sei, não...
As crianças olharam uma para as outras e seguraram a boca para não rir. (ibidem, p.14, grifos do autor);

• interrompe, solicita informações suplementares, incorpora sua realidade às histórias narradas por contadores de histórias e dá sua opinião, como expectadora ativa daquilo que vive:

– Que é *tribo*? titio.
– *Tribo* quer dizer uma parte do povo dos índios. (Lourenço Filho, 1944b, p.3, grifos do autor)

Dedé estava se lembrando da história do indiozinho.
– Nadar no rio... trepar às árvores... caçar com arco e flecha... ouvir os passarinhos na mata... brincar com os macaquinhos...
Como seria bom, pensou ela, viver assim!
– Mas, isso, logo pensou também, se eu fosse um menino. Um menino, como o indiozinho Amberé.
Mas, sendo uma menina... Também seria assim com as meninazinhas índias?
(Lourenço Filho, 1946a, p.3)

– Como é mesmo a casa dos índios, titio?
– É um rancho de ramos e folhas de palmeiras. Ali quase não há mobília.
Uma armação de varas, num canto finge de armário. É o carito, ou jirau. (ibidem, p.7)

LOURENÇO FILHO E LITERATURA INFANTIL E JUVENIL   139

– E, onde dormem eles?... no chão? perguntou a Dedé.
– Não. Dormem em redes. Em redes trançadas de tucum. Também de outras fibras que os índios tiram de palmeiras ou dos ramos tenros de certas árvores. Algumas tribos fiam e tecem o algodão. E fazem bonitos tecidos.
– Mas isso deve dar muito trabalho. Não é mesmo?...
– Se dá trabalho?... Certo que sim. E tudo é feito pelas mulheres, ajudadas pelas moças e meninas da tribo.
– Também as meninas, assinzinho, do meu tamanho?
– Assim mesmo. Panambi tinha a sua idade e já sabia tecer muito bem. (ibidem, p.8-9)

Dedé pensou um pouco, imaginando como seriam essas bonecas. Seriam bonitas?
seriam feias?...
Depois olhou para o tio Damião, e disse:
– Quando você chegou, titio, eu ia dizer que havia de gostar de ser uma indiazinha. Mas agora já não estou querendo, não...
– Preguiçosa! Só porque as indiazinhas trabalham muito?...
Dedé não respondeu. Mas seus olhinhos, muito vivos, e as covinhas do rosto, tão brejeiras, estavam dizendo que era por isso mesmo. (ibidem, 1946a, p.16)

Havia um artista que se virava duas vezes no ar, e caía, em pé.
– Até parece que ele tem asas! disse a Dedé. Engraçado é que, no meio deles, voltou o *Tóni*.
– Que trapalhão! Errava tudo e caía sempre.
E quando caía, ouvia-se um barulho de tábua: *tá, tá, tá...*
– E porque não sabe, que ele cai assim? perguntou a Dedé.
– Não, explicou o Tio Damião. Ele cai de propósito. O *Tóni* se finge de tonto, mas não é. Quase sempre ele é dos melhores artistas da companhia. (Lourenço Filho, 1946d, p.9-10);

• se junta a outras crianças e, independentes dos adultos, conseguem elas mesmas ensinar umas às outras o que não sabem, a exemplo das relações de Dedé com as crianças da casa do vizinho e com Rosa e Maria do Céu. Com essas duas últimas, no entanto, estabelece-se um paradoxo: embora crianças, Rosa e Maria do Céu demonstram mais do que uma criança poderia saber sobre seus estados de origem e, por isso, assumem uma postura adulta diante de Dedé, ensinando, com informações parciais e objetivas, aspectos da cultura das regiões Sul e Nordeste, respectivamente, e secundarizando a posição da criança. O modo educado e formal com que se relacionam, revela também essa posição secundária de Dedé:

– Perdoe, Rosa. Mas, que são *estâncias?*
– Estâncias significa sítios, fazendas. *Assim que* uma fazenda de gado por ali se chama estância.
– E como é a vida na estância, Rosa?
– Na estância se criam bois. Ou carneiros. Ou cavalos. Muito cedo, os empregados se levantam.
Tomam uma cuia de mate, sem açúcar, e por isso chamado o *amargo* ou *chimarrão.*
Montam depois no seu *pingo.* Quero dizer, no seu cavalo. E vão ver o gado. (Lourenço Filho, 1946b, p.7-8, grifos do autor)

E Maria do Céu olhou para longe como se estivesse recordando a sua terra.
O Brasil inteirinho é bonito, disse Maria do Céu. Eu sei, porque tenho viajado. Mas o Nordeste tem coisas especiais...
– Por exemplo?... perguntou a Dedé.
– Por exemplo? O sertão. Por exemplo? As praias..., as jangadas..., as rendas..., os coqueirais..., os cajueiros..., os cantadores... Até o falar cantado da gente!... (Lourenço Filho, 1951a, p.5-6)

Seguindo essa tônica, Dedé revela sua fragilidade de criança e a legitima em seu papel social e cultural da época, quando:
• precisa da ajuda do adulto para realizar pequenas atividades, acentuando a assimetria da relação entre adulto e a criança:

No domingo a Dedé pediu que pusessem o poleiro no chão.
Porque ela mesma o queria limpar. Ela mesma queria dar água e comida ao papagaio.

E, aí, olhando aqueles pés tão feios, pretos, riscados, como se tivessem cortes, ela viu uma gotinha vermelha. Uma gotinha de sangue que descia da perna, do lugar onde estava a corrente, que prendia o papagaio ao seu poleiro.
[...]
– Mamãe! venha depressa ver o pobre bichinho, que não fala porque está machucado. E até está saindo sangue, coitado!...
Então, a mamãe veio e desprendeu a correntinha.
Prendeu-a de novo na outra perna, com cuidado.
Ajudou a Dedé a limpar o poleiro, e pendurou-o outra vez no lugar. (Lourenço Filho, 1943a, p.8-9);

• precisa da proteção do adulto: "Mamãe teve de viajar com a Dedé, porque ela era também pequenina. E, como Gato-flor, não podia ficar sozinha" (Lourenço Filho, 1943b, p. 11);
• não tem voz, nem participação ativa nas situações cotidianas familiares:

Mas Gato-flor miava, miava muito. Miava tanto que mamãe se aborreceu.
– Não quero mais este gato em casa! foi o que ela disse, zangada.
– Mamãe, eu cuido dele... disse a Dedé.
– Não adianta, minha filha, não adianta. Este gato é ainda muito pequenininho, tão pequenininho que cabe na palma da mão. (Lourenço Filho, 1943b, p.5)

Desse modo, Dedé legitima a imagem da criança com "fases de desenvolvimento natural" ou "etapas de evolução psicológica" a cumprir e legitima também o papel reservado à criança na produção literária brasileira para crianças, à época, acentuando o efeito pretendido no leitor previsto. A literatura infantil cumpre seu papel de "instrumento de educação", conforme pretendido pelo autor da Série, ou seja, embora o espaço escolar não seja cogitado nas histórias, Dedé é o modelo da criança exemplar e feliz, equilibrada, bem humorada e educada, indicando um dos lugares onde a educação deve se dar: no seio familiar.

142   ESTELA NATALINA MANTOVANI BERTOLETTI

Esses aspectos se acentuam na antropomorfização dos animais, dada a relevância que adquirem aos olhos da criança, a exemplo de Dedé, para quem são "como gente". Assim, Totó é castigado – embora a corrente que o prenda não apareça na voz de Papai como um castigo – para aprender a ser obediente. Preso à corrente, Totó sofre muitas perdas: "Preso não pode brincar. Preso não pode correr. Preso não pode estar junto de Dedé" (Lourenço Filho, 1942a, p.9).

Essas perdas são sentidas pelo cachorrinho, que passa a vigiar o quintal – "dia e noite, êle ali estava de olhos abertos" (ibidem, p.10) – e, por isso, denuncia um ladrão com seus latidos, recuperando sua liberdade. O castigo aplicado em Totó parece "educar" o cachorro, ou seja, torna-o obediente, e, por isso, amado. O mesmo acontece com o papagaio, que, embora não tenha recebido nenhum castigo, passa a obedecer à sua dona e graças a seu "ensino", de "papagaio louro" (mudo, triste, encorujado) – portanto, comum –, passa a "Papagaio Real" (falante, vistoso, de penas brilhantes).

Gato-flor, por sua vez, assim como Dedé, precisa da figura adulta para protegê-lo e "educá-lo":

> A gata Mimosa gostou de ver Gato-flor, que era seu filho pequenino, tão pequenino que cabia na palma da mão (Lourenço Filho, 1943b, p.9)
> [...]
> Gato-flor corria e Mimosa miava baixinho.
> Miava baixinho como se o repreendesse. (ibidem, p.12)
> Mas ele era ainda tão pequenino, que decerto ia chorar muito, porque ia ficar longe da gata Mimosa. (ibidem, p.13)

A figura de Dona Amélia também representa o adulto e, por isso, é quem cuida do gatinho até ele crescer:

> – Pode deixar que eu trato dele. Trato dele com todo o cuidado, disse a boa vizinha Dona Amélia.
> – Você sabe! ele é ainda tão pequenino... Então Dedé foi mais consolada. Ninguém judiaria de Gato-flor. Ninguém furtaria Gato-flor.

LOURENÇO FILHO E LITERATURA INFANTIL E JUVENIL   143

Ninguém faria Gato-flor chorar...
Dona Amélia era uma boa senhora.
Cuidaria, sim, cuidaria do gatinho. Então Dedé foi mais consolada.
(Lourenço Filho, 1943b, p.13-14)

Ao ficar ao lado de Mimosa, na casa de Dona Amélia, tendo a proteção necessária, Gato-flor cresceu fisicamente:

Três meses depois Dedé voltou.
E, ao chegar, correu logo à casa da vizinha.
– Dona Amélia, onde está o Gato-flor?
– Pois você não vê, Dedé? É este gato grande, de corpo rajado, as patinhas muito brancas, e os olhos muito verdes.
É esse gato gordo, crescido e forte... (Lourenço Filho, 1943b, p.15)

A formiguinha, por sua vez, compreende sua fragilidade e reconhece a força de Deus. Assim, os animais são exemplos a serem seguidos, uma vez que se tornam melhores após sua "transformação", por meio da educação e do ensino.

Outras crianças personagens das histórias da Série que merecem atenção especial são os indígenas Panambi e Amberé. Por sua situação étnica, essas crianças são diferentes das de etnia branca, pois precisam trabalhar para viver; porém são tão espertas e inteligentes quanto as outras.

Legítimos representantes de sua etnia, Panambi e Amberé têm conhecimentos adquiridos fora do ambiente urbano e habilidades próprias a sua cultura:

– O indiozinho tinha doze anos e chamava-se Amberé.
Era o mais belo menino da *tribo*. Não só o mais belo: era também o mais forte. Nadando no rio, ninguém o vencia.
Subindo às árvores, ninguém o vencia. (Lourenço Filho, 1944a, p.3, grifos do autor)

– Pois Panambi era uma boa menina, viva e alegre. E, como toda menina índia, trabalhava.

144   ESTELA NATALINA MANTOVANI BERTOLETTI

[...] Panambi tinha sua idade e já sabia tecer muito bem.
Também sabia ralar mandioca.
E sabia fazer com ela um bolo muito bom. (Lourenço Filho, 1946a,
p.3-9)

Esses conhecimentos atendem a dois motivos contrastantes na Série: um que aproxima as culturas, mediante a constatação de que o índio é parte ativa na construção do Brasil e merece ser respeitado por isso, porque também é brasileiro; e outro que diferencia as culturas e busca a manutenção dessas diferenças para conservação da cultura nacional.

– Assim vivia o indiozinho, e assim ainda vivem os índios. É gente forte e boa, que já morava nas terras do Brasil quando a nossa terra foi descoberta.
E, desde aí, quero dizer há mais de quatrocentos anos, os índios têm ajudado a construir o Brasil que nós conhecemos.
– Como, titio?...
– Trabalhando com os portugueses, que chegaram; ajudando-os na descoberta dos sertões, e misturando-se com eles. Os caboclos têm avós ou bisavós índios puros. E quase todos nós, Dedé temos um pouco de sangue índio. É sangue de gente forte, valente e boa! (Lourenço Filho, 1944a, p.16)

– Quando você chegou, titio, eu ia dizer que havia de gostar de ser uma indiazinha. Mas agora já não estou querendo, não...
– Preguiçosa! Só porque as indiazinhas trabalham muito?...
Dedé não respondeu. Mas os seus olhinhos, muito vivos, e as covinhas do rosto, tão brejeiras, estavam dizendo que era por isso mesmo. (ibidem, p.16)

Tal contraste parece justificar porque somente depois de dois anos,[8] a vida da irmã do indiozinho, Panambi, tenha sido tema de uma das

_____

8 Vale lembrar que *O indiozinho* teve sua primeira edição em 1944, e *A irmã do indiozinho*, em 1946. Fato curioso, uma vez que, neste último, há uma alusão ao primeiro e retomada da temática relativa à vida indígena, sendo o espaço de dois anos um período relativamente longo para essa retomada, em se tratando das características e finalidades de série, como Histórias do Tio Damião.

LOURENÇO FILHO E LITERATURA INFANTIL E JUVENIL   145

histórias do Tio Damião na Série, ou seja, depois de exaltada a cultura indígena, o autor sentiu a necessidade de "situar melhor" para seu leitor o lugar ocupado por cada etnia, inclusive, por situar o lugar da etnia branca, uma vez que, como Dedé, as crianças leitoras da Série poderiam ter desejado ocupar um lugar que não era o seu:

> Dedé estava se lembrando da história do indiozinho.
> – Nadar no rio... trepar às árvores... caçar com arco e flecha... ouvir os passarinhos na mata... brincar com os macaquinhos...
> *Como seria bom, pensou ela, viver assim!*
> – Mas, isso, logo pensou também, se eu fosse um menino. Um menino, como o indiozinho Amberé.
> Mas, sendo uma menina... Também seria assim com as meninazinhas índias? (Lourenço Filho, 1946a, p.3, grifos meus)

Os personagens adultos Tio Damião, Papai, Mamãe, Vovô, Vovó, Dona Amélia, Tia Sabina e titia, por sua vez, ocupam um plano circundante ao das crianças em cada narrativa, sustentando as ações das crianças e dos animais, ora para castigá-los, ora para auxiliá-los nas tarefas, ora para contar-lhes histórias. Além da idealização que se busca nessa relação, pois todas as histórias da Série apresentam uma família feliz e completa, o poder de sustentação dos adultos sobre as crianças contribui para o fluir da narrativa e para o estereótipo dos papeis sociais das famílias da época em que circula a Série: a última palavra é de Papai, e Mamãe é quem cuida de Dedé, por exemplo.

Os contadores de histórias – Tio Damião, Tia Sabina e Vovó –, por sua vez, "materializam" o narrador, adquirindo a responsabilidade pela narração, a fim de criar, desse modo, maior proximidade com o leitor, ao se dirigirem à ouvinte "real", Dedé, e serem mediados por ela.

Esse narrador ficcionalizado foi e continua sendo bastante aproveitado na literatura infantil. Resgatado da tradição oral, esse recurso consegue garantir, dentre outras, dinamicidade na narrativa, uso de uma linguagem mais próxima do coloquial e apelo para a atenção do leitor, atraindo-o pelos diálogos travados entre contadores e ouvintes das histórias.

146 ESTELA NATALINA MANTOVANI BERTOLETTI

Tio Damião curiosamente assume esse papel em apenas duas histórias; Vovó e Tia Sabina assumem-no em outras duas. Em razão da ligação com a tradição oral, são as duas últimas quem mais se aproximam desse papel, à maneira tradicional. Vovó, pela sua idade, conta histórias antigas resgatadas da oralidade; Tia Sabina, pela sua idade e origem, representa uma mentalidade popular e, por isso, pouco esclarecida.

> Eu queria ouvir uma história *nova, bem nova*... Bem nova, Vovó, e bem bonita!"...
> – Ah! disse a Vovó, uma história bem nova, *bem nova*, eu não sei contar...
> Só sei mesmo velhas histórias, daquelas que minha avó também já sabia... (Lourenço Filho, 1946c, p.5, grifos do autor)

> [...]
> Tia Sabina era a velha criada da casa.
> Saíram todos à procura dela.
> – Tia Sabina, como é mesmo a história do Saci-Pererê? perguntou a Maria Amélia.
> – *Hum! Hum!* não brinca não minha filha. Agorinha mesmo bateu meio-dia.
> Saci também aparece no meio do dia. É só a gente falar muito nele... Cruz! Credo!...
> Todos riram daquele receio da pobre Tia Sabina, já tão velhinha, tão velhinha. (Lourenço Filho, 1944a, p.7, grifos do autor)

Tio Damião, por sua vez, assume um papel social típico de tios e, apesar de ser um contador de histórias, não se assemelha ao estereótipo tradicional do contadores, como Vovó e Tia Sabina. Homem de meia-idade, Tio Damião é esclarecido, bem humorado, paciente e sabe "histórias novas", como as de Panambi e Amberé.

Os personagens adultos nomeados genericamente – denominações relativas ao papel desempenhado na família, grafadas com letras iniciais maiúsculas – são assim denominados, visando representarem quaisquer pais, mães, avôs e avós, e estenderem suas funções aos familiares da criança leitora. Desse modo, esses personagens dão a última palavra, demons-

LOURENÇO FILHO E LITERATURA INFANTIL E JUVENIL   147

trando seu poder em relação ao personagem criança, o que aponta para o sentido de formação das mentalidades infantis almejado pela Série, ou seja, para o "fim prático" da literatura infantil, segundo Lourenço Filho. De acordo com Lourenço Filho, a criança leitora da Série tem necessidade inerente de formação, no que diz respeito ao seu "mundo interior". Esse "mundo interior" da criança vem explicitado nas histórias da Série por imagens muito próximas do ideal romântico da infância, como se pode verificar em *Maria do Céu*, pela voz do Tio Damião, numa referência à proveniência das crianças: "Todas as crianças vêm do céu. Vêm mandadas por Deus para enfeitarem a Terra e alegrarem o coração dos pais" (Lourenço Filho, 1951a, p.3), antes indicada em *No circo*, na imagem do palhacinho caindo do céu.

A discussão dessa etapa da vida "angelical" vem também indicada em *Tão pequenino...* Nessa história, a imagem da infância torna-se uma etapa da vida a ser vencida com o tempo, o que Dedé reluta em aceitar, por seu "egocentrismo" ou incapacidade de lidar com a "lógica coerente", de acordo com a psicologia.

O "mundo interior" da criança, como se pode depreender por meio das histórias da Série é "angelical" e, portanto, ingênuo e inocente, sendo a infância o preparo para a vida adulta.

A posição de centralidade da criança na Série Histórias do Tio Damião, portanto, reflete o lugar ocupado pela infância, de acordo com a nova concepção daquele momento histórico, que a Escola Nova busca disseminar, fundamentada na psicologia, a saber: a criança não mais é vista como um adulto em miniatura, tampouco a infância precisa ser encurtada, pois a vida é encarada como uma mudança contínua de profundo aperfeiçoamento interior e a criança é um ser em formação, a ser orientada e ter seu potencial desenvolvido no sentido de alcançar esse aperfeiçoamento. Esse ponto de vista psicológico é a base de sustentação que dá sentido à imagem da criança que o adulto – o autor-narrador – que a produziu tem, apontando para a afinidade almejada pela Série entre histórias e leitores. Nesse caso, a criança leitora identifica-se com a criança ou animal pequeno das histórias e pode tê-los para exemplo; assim, o "deleite para o espírito" serve de motivo para reflexão e formação de valores e atitudes.

148   ESTELA NATALINA MANTOVANI BERTOLETTI

Tempo

Decorrendo em curtos espaços de tempo, as histórias da Série Histórias do Tio Damião visam à realidade, de modo objetivo. Essa objetividade temporal configura o encadeamento "natural" dos acontecimentos, numa sequência cronológica linear que segue o fluxo dos acontecimentos. Desse modo, não há complexidade no encadeamento das ações, podendo ser mensuradas em alguns dias, por meio da alternância de dias e noites. Há, entretanto, em *Baianinha*, a apresentação preliminar ao leitor *do que* aconteceu à menina, para atrair sua curiosidade e levá-lo a se dispor para a leitura e descobrir *como* e *por que* aquilo aconteceu, não interferindo, no entanto, na simplicidade temporal.

> Todos chamam Dedé, assim, de Baianinha.
> Mas Dedé não nasceu na boa terra que é a Baía, não.
> Então, por que será?
> É o que vamos saber nesta história. (Lourenço Filho, 1942b, p.3-4)

Em *Saci-Pererê*, por sua vez, há um jogo temporal, no qual o passado vem à tona de duas maneiras: uma, pela história de Tia Sabina do seu tempo de menina, e, outra, pela "vida real", no comportamento das crianças que se divertem com a história, mas não creem nela, impondo seu ponto de vista do presente. O tempo da narração duplica o tempo na narrativa, tematizando o passado a fim de rejeitá-lo e de sugerir o novo; buscando diluí-lo e originando uma aspiração à rejeição do pensamento mítico – e, por isso, não racional – que o move, assegurado pela intervenção dos que representam as novas gerações à história que se conta, pois questionam e interferem na história, concluindo-a, inclusive.

> Depois da merenda, Dedé lembrou o caso do Saci.
> Tia Sabina estava escolhendo feijão, e sem parar o seu trabalho, foi contando:
> – Pois é! Naquele tempo, *nhô* pai trabalhava na fazenda. Era de noite, e *nhô* pai vinha na estrada.

LOURENÇO FILHO E LITERATURA INFANTIL E JUVENIL 149

Já passava das dez horas e estava tudo muito escuro!...
De repente, *nhô* pai ouviu um assobio fininho, fininho, que até doía
nos ouvidos da gente...
– Seria desse jeito? disse o Evaristinho assobiando muito fino.
– Decerto era assim mesmo. Fininho que até doía nos ouvidos... Então
nhô pai espiou para trás. E viu um molecote, assinzinho, que pulava numa
perna só. Depois êle chegou perto de *nhô* pai. Mostrou um cachimbinho
apagado e pediu fogo... *Hum\ hum\...* pediu fogo, três vezes, assim:
– Me dá fogo! me dá fogo! me dá fogo!...
– E que fez seu pai?... perguntou a Dedé.
– *Hum! Hum!* ele tirou o isqueiro da algibeira e deu para o Saci acender.
Mas não era isqueiro desses que se usam agora, não.
Era isqueiro de bater com um ferrinho numa pedra que dá faísca. Saía faísca e pegava numa isca de pano. Então se punha aquele foguinho no cachimbo, e o cachimbo acendia. (Lourenço Filho, 1944a, p.10-12, grifos do autor)

De qualquer modo, a marcação temporal em todas as histórias
da Série é feita de forma objetiva pelo narrador, e sua importância é
evidente no eixo narrativo, em vários níveis. Primeiro, porque confere
exatidão e veracidade à história narrada, objetivando-a em um tempo
preciso e conhecido: o tempo passado. Depois, porque facilita a leitura
do leitor almejado – a criança de seis a oito anos. E, ainda, porque esse
tempo é mensurável, em dias, semanas, meses, num ritmo narrativo
acelerado em algumas histórias, lento em outras, mas sempre adequado
à necessidade de garantir a adesão do leitor.

O ritmo acelerado garante o dinamismo da narrativa, centrada na
ação; o ritmo lento enfatiza as ações, chamando a atenção do leitor para
detalhes que se querem realçados.

O tempo passado, privilegiado em todas as narrativas, é modificado
pelo narrador, no final da narrativa, quando passa a "falar" no presente.
Esse artifício, além de trazer a subjetividade do narrador, como autor,
busca trazer a "realidade" para a ficção. Assim, um tempo "real" é
utilizado para produzir o efeito desejado no pequeno leitor: o de passar do "mundo egocêntrico, que se satisfaz com criações irreais, [para
o] de pensamento socializado, ou de características lógicas normais"
(Lourenço Filho, 1959b, p.176).

150   ESTELA NATALINA MANTOVANI BERTOLETTI

Espaço

O espaço predominante nas narrativas da Série Histórias do Tio Damião é o urbano. Embora não haja preocupação, na maioria das histórias, em particularizar sua caracterização, as ações dos personagens apontam para essa constatação, uma vez que se comportam como habitantes da cidade que frequentam bailes de Carnaval (*Baianinha*), mudam de ares – vão para ares rurais – quando doentes (*Tão pequenino*...), recusam lendas como verdades (*Saci-Pererê*), participam de espetáculos circenses (*No circo*) etc.

A representação do urbano diz respeito à urbanização crescente à época, servindo para conferir verossimilhança às histórias, a fim de permitir ao leitor identificação com o espaço representado. Nesse caso, há bastante afluência ao espaço que assume uma função que se quer predominantemente estética, na maioria das histórias, pois serve apenas de cenário à ação, que busca representar a realidade diretamente pelo processo mimético.

Em vista disso, a indicação do espaço regional brasileiro serve de cenário para os propósitos das histórias da Série: divulgar o Brasil aos brasileiros.

O nome recorda a boa e bela terra do Brasil, a Baía. (Lourenço Filho, 1942a, p.16)

– E que lindos são os meus pagos! continuou Gauchita. Ali, não existem montanhas altas.

Ali, não existem matas grandes.

Ali, os campos verdes parecem não ter fim.

A campanha se estende a perder de vista...

E, no meio dela, aparecem as estâncias. Tudo tão bonito, tão bonito! (Lourenço Filho, 1946b, p.7)

– O Brasil inteirinho é bonito, disse Maria do Céu. Eu sei, porque tenho viajado. Mas o Nordeste tem coisas especiais...

– Por exemplo?... perguntou a Dedé.

– Por exemplo? O sertão. Por exemplo? As praias..., as jangadas...,

LOURENÇO FILHO E LITERATURA INFANTIL E JUVENIL   151

as rendas..., os coqueirais..., os cajueiros..., os cantadores... Até o falar cantado da gente!... (Lourenço Filho, 1951a, p.5-6)

E ainda, o espaço indígena serve de cenário e de parâmetro para a cultura branca. Desse modo, enfatiza-se o espaço ocupado, de modo, a "recriar" no espírito infantil, com maior equilíbrio, "os sonhos e fantasias" que o povoam, por meio das cenas "reais" que se descrevem, sem caricaturas (Lourenço Filho, 1959b).

Núcleos temáticos

Os núcleos temáticos priorizados nas histórias da Série Histórias do Tio Damião podem ser sintetizados em Educação e Nacionalismo.

A Educação, entendida como autocontrole, para civilizar e diferenciar o homem, é valorizada por meio do ensino, privilegiando a alma, a cultura e o espírito, em detrimento do corpo, da natureza e da matéria.

Em *Totó* e *Papagaio real*, o autor-narrador destaca a importância do "ensino" – e não adestramento – aos animais, o que os aproxima do ser humano e os valoriza, pois cachorrinho e papagaio "obedientes" tornam-se amado, o primeiro, e "Real", o segundo.

Embora em ambos os casos não haja castigos físicos diretos, a exemplo da "escola tradicional", tampouco o "ensino" dado ao cachorro e ao papagaio sejam considerados pelo narrador como forma de punição, Totó fica preso à coleira e o papagaio é "ameaçado" por Dedé: "Papagaio, *se você não falar, se você não falar...* eu não gosto mais de você, ouviu mesmo, seu *Papagaio Real, de Portugal!*" (Lourenço Filho, 1943a, p.11, grifos do autor).

Tão pequenino... e *Saci-Pererê*, da mesma forma, exploram a temática da Educação. O gatinho "não é gente", mas olha e sofre "como gente", aos olhos de Dedé que, como criança, se identifica com a fragilidade do pequeno animal. A lenda do Saci, por sua vez, é enunciada por meio de dois pontos de vista em que os representantes da modernidade são os "esclarecidos", em oposição aos antigos, representantes das "trevas". Assim, a Educação e sua importância permeiam essas narrativas, ou para indicar os adultos como responsáveis pelo "crescimento" da criança, indivíduo psicologicamente diverso do adulto e "menor", ou para mostrar a mentalidade moderna – educada/civilizada – como a melhor e mais promissora.

A Educação, ainda, é tema de *A formiguinha*, uma vez que, depois de uma experiência traumática – ficar presa à lama – e instrutiva, a formiguinha recebe um ensino religioso e compreende por que se "libertou". Esse apelo religioso cristão busca trazer a figura de Deus como criador de todas as coisas. "Deus está na moda", afirmava André Gide (apud Candido, 1989) em relação à literatura francesa da época. Valendo-se dessa "moda" e buscando estrategicamente interlocução com os intelectuais católicos, contrários ao pensamento escolanovista, Lourenço Filho tematiza a fé como dimensão estética e parece contribuir, por meio da literatura infantil, para abrandar a longa disputa entre católicos e liberais escolanovistas acerca do ensino religioso nas escolas públicas brasileiras.[9]

O Nacionalismo, por sua vez, é explorado na Série por meio da exaltação e valorização da natureza, do povo e das regiões brasileiras, para "abrasileirar" o brasileiro, pois, segundo Lourenço Filho, não se ama aquilo que não se conhece. Em *Baianinha*, o Estado da Bahia é exaltado; em *O indiozinho* e *A irmã do indiozinho*, há a exaltação do povo indígena e sua contribuição para o desenvolvimento nacional; em *A Gauchita* e *Maria do Céu*, o nacionalismo se expressa por juízos elogiosos e entusiasmados ao povo gaúcho e cearense, respectivamente.

Nos livros citados, o tom eufórico preside a descrição dos Estados de cada região mencionada, numa espécie de ufanismo nacionalista, destacado pelo uso intenso de adjetivos qualificativos. A Bahia é uma "boa e bela terra"; o Rio Grande do Sul é uma "terra linda"; e o Ceará é um "lugar especial"; os povos desses vários "Brasis", considerados pela Série, são também variados, mas servem a uma campanha de unidade nacional. São as Mães Pretas, "as velhas africanas que ajudaram a criar a nossa terra" (Lourenço Filho, 1942a, p.16); são os índios,

---

9 A respeito da luta entre católicos e liberais escolanovistas acerca do ensino religioso, na década de 1930, ver Romanelli (2003).

LOURENÇO FILHO E LITERATURA INFANTIL E JUVENIL 153

"gente forte e boa", que já habitavam o Brasil quando foi descoberto e que têm ajudado a construí-lo, "trabalhando com os portugueses, que chegaram; ajudando-os na descoberta dos sertões, e misturando-se com eles" (Lourenço Filho, 1944b, p.16); são os gaúchos, fortes, corajosos e ativos que amam o Brasil e buscam servir ao país; são os cearenses, gente forte, alegre e boa que compõe a terra brasileira. As peculiaridades desses Estados não terminam aí. Há também a questão da linguagem que, incorporada pelos personagens, especialmente por Rosa e Maria do Céu, representam as especificidades linguísticas de seus respectivos Estados, de modo a valorizá-los.

A exaltação ao Ceará merece atenção especial, pois foi o Estado em que Lourenço Filho morou entre janeiro de 1922 e dezembro de 1923, tendo, por isso, "conhecimento de causa" para retratar a região. Além disso, a cidade de Juazeiro, no Ceará, fora tematizada em *Joaseiro do Pe. Cícero* (1926), numa visão muito negativa desse padre estendida para a região. Em virtude disso, *Maria do Céu* parece a "redenção" de seu autor, numa espécie de pedido de desculpas ao povo cearense, por meio da exaltação do Ceará, na voz de Maria do Céu, a simpática cearense que, em primeiro lugar, é brasileira, depois, é nordestina, mas no fundo do coração, é mesmo cearense.

A Bahia e o Rio Grande do Sul, por sua vez, são Estados que também tiveram grande ligação com o autor de Histórias do Tio Damião. A Bahia, por sua ligação a Rui Barbosa e Anísio Teixeira, baianos com quem Lourenço Filho manteve relações intelectuais e, no caso do segundo, também pessoais, de amizade; e o Rio Grande do Sul, pela assistência e assessoria prestada por Lourenço Filho naquele Estado, quando colaborou diretamente para a renovação de seu sistema escolar, permanecendo lá por um mês, na década de 1940 (Abu-Merhy, 1997).

De qualquer modo, no entanto, o Rio Grande do Sul e o Nordeste brasileiro são as regiões privilegiadas pela literatura "de ponta" da época; o primeiro, por sua projeção política; e o segundo, pela consciência nacional que despertou para seus problemas e peculiaridades (Candido, 1989). Segundo Candido (1989), nessa época houve a extensão das literaturas regionais e sua transformação em cujo âmbito e sentido se tornaram nacionais.

154   ESTELA NATALINA MANTOVANI BERTOLETTI

O modo de narrar

Organização da narrativa

As histórias da Série Histórias do Tio Damião se organizam em torno de 12 e 13 páginas, sem divisão de capítulos, numa sequência cronológica linear, conforme já informado, almejando a "simplicidade", com exceção de Baianinha, em que a narrativa se inicia numa espécie de flashback.

Todas as narrativas se desenvolvem por meio de situações breves, encadeadas a partir de relações lógico-causais, condensadas em torno de um único conflito, com poucos personagens, em tempos curtos e em espaços restritos e centram-se na ação. Nesse sentido, o dinamismo característico de todas as histórias da Série distribui-se em situações particulares em que predominam aspectos especializados.

Numa tentativa de categorizar essas situações particulares, cheguei à seguinte divisão:

a. narrativas exemplares: Totó, Papagaio Real, Tão Pequenino... e A formiguinha;

b. narrativas informativas: O indiozinho, A irmã do indiozinho, A Gauchita e Maria do Céu;

c. narrativas lúdicas: Baianinha, Saci-Pererê e No circo.

Nas narrativas exemplares da Série, o eixo narrativo desenvolve-se nos moldes da tradição literária para crianças, em que a sequência de acontecimentos que se desenvolvem busca um equilíbrio final para o desequilíbrio provocado por origens diversas: o cachorrinho desobediente, porque não tinha "ensino", o papagaio que não fala, o gatinho frágil devido ao seu tamanho e a busca da formiguinha. Coincidentemente ou não, os animais antropomorfizados são os protagonistas dessas narrativas na Série, o que leva a supor que, para amenizar o tom instrutivo, o autor optou por representar metaforicamente a criança, de modo a alcançar o resultado final motivado pela relação de causalidade como princípio.

As narrativas informativas baseiam-se na lógica, supostamente dialógica, de perguntas e respostas, típica dos livros didáticos. Em O indiozinho e A irmã do indiozinho, Dedé interfere na narração das histórias por parte do Tio Damião mediante esse recurso. Em *A Gauchita e Maria do Céu*, o caráter informativo é mais enfatizado, em razão do diálogo estabelecido entre Dedé e as outras meninas, em forma de perguntas e respostas diretas, que buscam direcionar a leitura para uma adesão ao ponto de vista do narrador.

Nas *narrativas lúdicas*, há um esforço maior na busca de evasão e sonho, uma vez que buscam aguçar a curiosidade do leitor, por meio de sugestões, surpresa e humor. Em seu conteúdo exploram-se: crianças ativas, criativas e participantes; o pensamento crítico em oposição ao senso comum; o conhecimento e a habilidade infantil.

É importante salientar que o esforço de categorização diz respeito à predominância de um aspecto que especifica cada narrativa, numa tentativa de leitura possível, pois a fluidez e a relatividade que caracterizam o gênero e, em particular, as histórias analisadas impossibilitam a existência de formas narrativas puras e fixas. Nas narrativas indicadas, vários aspectos se mesclam e se sobrepõem, de modo a amenizar o caráter predominante: exemplar, informativo ou lúdico.

Um recurso importante utilizado nas histórias que ameniza o tom exemplar ou informativo é a utilização do humor e da surpresa. Estes últimos buscam suavizar o caráter instrutivo e didático da natureza da literatura infantil de Lourenço Filho, mesmo nas histórias por mim classificadas como *exemplares* ou *informativas*. Com a utilização do humor e da surpresa, passa-se para um *tom* bastante leve, propiciado também pela narração de fatos do cotidiano e pela não presença de qualquer aspecto que cause medo ou terror.

Diante disso, a surpresa busca despertar a curiosidade do leitor e não o medo. A ausência de medo ou terror na Série parece ser uma espécie de réplica ao que se propunha e se fazia em termos de literatura infantil no período anterior ao seu, de modo a propor uma mudança na concretização do gênero.[10]

---

10 Em virtude de, até o século XVII, a criança ser encarada como adulto em miniatura, participava do mundo "adulto" trabalhando, testemunhando processos naturais, como nascimento, doença e morte e participando da vida pública (Zilberman, 2003). Muitas histórias dirigidas a ela, a partir dessa concepção, buscavam amedrontar e horrorizar.

156   ESTELA NATALINA MANTOVANI BERTOLETTI

– Aconteceu que um dia não passaram cotias. Também não passaram mocós.

A mata estava quieta, muito quieta. Nem mesmo os passarinhos cantavam. Só se ouvia o vento que passava nas folhas. Amberé coçou a cabeça e pensou um pouco.

– Ah, já sei, disse ele, *iaguá etá*

Era como se dissesse: *muitas onças andam por aqui.* [...]

[...] Pensando nisso, Amberé correu para a taba. Ia avisar seu pai, o índio Camba.

– A onça não só espanta a caça. Ela é também perigosa para os índios. Por isso, Camba chamou dois de seus amigos.

Conversou com eles, combinando a caçada.

[...]

E depois, e depois? perguntou aflita a Dedé. Mataram a onça?...

– Espere. Logo que os índios grandes entraram na mata, riram-se muito... A onça não andava por aqueles lados.

O que estava espantando a caça miúda era um macaco sabido, que aprendera a gritar quase como o miado da onça. (Lourenço Filho, 1944b, p.9-12, grifos do autor)

– Olá, Tóni! Você quer ganhar dez cruzeiros?...

– Decerto que quero...

– Então me responda: quando é que o cavalo fala?...

– Quando é que o cavalo fala?...

– Sim. Quando é que o cavalo fala?...

– Ah! o que você perguntou foi mesmo *quando é que o cavalo fala?*...

– Sim, homem! Quando é que o cavalo fala?...

– Ah! bem! Eu pensei que você queria saber quando é que o cavalo fala... (Lourenço Filho, 1946d, p.14, grifos do autor)

O desfecho de cada narrativa é organizado de maneira separada e suplementar à história, com exceção a *Tão pequenino..., A irmã do indiozinho, No circo* e *Maria do Céu,* que apresentam finais interessantes e muito bem humorados, "mais abertos" que nas outras narrativas. Nestas últimas, os desfechos servem ou como pretexto, ou para indicação direta da lição que se quer transmitir.

LOURENÇO FILHO E LITERATURA INFANTIL E JUVENIL   157

Até os animais precisam de educação.
Totó era um pobre cãozinho sem dono, que não tinha ensino.
Depois, tornou-se querido por todos [...] (Lourenço Filho, 1942a, p.15)

Desde esse dia, Dedé ficou sendo chamada de *Baianinha*.
Ninguém a chama mesmo de outro nome.
E ela gosta disso. Porque, não?
O nome recorda os primeiros tempos de nossa terra.
O nome lembra a Mãe Preta, as velhas africanas que ajudaram a criar a nossa terra [...] (Lourenço Filho, 1942b, p.16, grifos do autor)

A verdade é que nenhuma delas [as crianças] podia acreditar mais no Saci-Pererê.
E todas faziam muito bem.
O Saci é uma simples história para divertir, nada mais...
Na casa do vizinho, o Saci que existe é o Evaristinho.
Mas esse não anda pelas matas, de noite, assustando ninguém.
Esse dorme cedo e é bem comportado... (Lourenço Filho, 1944a, p.15)

– Ah! é então por isso, Rosa, que você gosta que a chamem de Gauchita?
– Assim é. Gauchita sou com muita alegria, nascida no Rio Grande do Sul, assim como tu te alegras de ser baianinha. Gauchita sou para servir sempre à nossa terra...
E as duas meninas se abraçaram. (Lourenço Filho, 1946b, p.16)

E a formiguinha compreendeu que a bondade é a maior e a mais forte de todas as coisas, porque mora no coração de Deus.
– Sim, explicou a Vovòzinha, a bondade mora mesmo no coração do Criador.
E tão forte ela é que daí se reflecte em nosso coração, quando queiramos amar e servir a Deus.
Assim compreendeu a formiguinha, Dedé, e assim, também, todos nós devemos compreender.
Quando somos bons, estamos amando e servindo a Deus. (Lourenço Filho, 1946c, p.16)

Narrador e ponto de vista

Na Série Histórias do Tio Damião o narrador ocupa um espaço maior do que apenas o daquele que, de fora dos fatos, narra-os imparcialmente conforme eles ocorrem. Em vista disso, o narrador busca "falar" com o leitor, limitando sua participação dentro de um recurso de perguntas/respostas e, muitas vezes, julga diretamente o comportamento dos personagens.

> Mas o caso é que Totó era levado da breca!
> Vejam o que êle fez no dia seguinte: puxou a toalha da mesa.
> [...]
> Já viu uma coisa dessas?... (Lourenço Filho, 1942a, p.3-4)

> Imaginem que a mesa do café estava pronta. (ibidem, p.7)

> Mas por que não se comportou direito? (ibidem, p.9)

> Quando Dedé se viu ao espelho, achou muita graça.
> Ela estava como uma figura que já tinha visto num jornal.
> *Que figura era aquela?...*
> *Ah! era a figura de uma baiana, vendedora de cocadas.* (Lourenço Filho, 1942b, p.7, grifos meus)

> *E, agora? Dedé estava ou não igual afigura?...*
> *Não. Ela ainda não estava igual afigura.*
> *Faltava ainda alguma coisa.*
> *Que é que faltava?*
> *Faltavam as cocadas da cestinha.* (ibidem, p.9-10, grifos meus)

O narrador vê os acontecimentos fingindo-se neutro, mas conhece de antemão a história, por isso comenta, responde o que pergunta e analisa. Busca, com isso, não somente firmar o exemplo e explicitar a "lição", mas também trazer o leitor para "dentro" da narrativa, conseguir a sua empatia e garantir sua presença e compreensão.

Em relação ao exemplo, os modelos narrativos da Série centram-se numa sequência de acontecimentos que se desenvolvem buscando um equilíbrio final para o desequilíbrio provocado. O comportamento dos personagens, o desenrolar da ação, a ocupação do espaço, o tempo decorrido, tudo aponta para o alcance do resultado final, ou seja, a narrativa se centra na ação em busca da "lição" que se quer transmitir.

Para essa "lição", o narrador organiza a narrativa segundo seus critérios e expõe seu ponto de vista, garantindo sua presença na narrativa como aquele que comunga efetivamente do cotidiano dos personagens que transitam pelas narrativas da Série e, por isso, pode tecer comentários, analisar e julgar o comportamento deles.

Os verbos na terceira pessoa do singular marcam linguisticamente a posição assumida pelo narrador que vai penetrando no pensamento dos personagens e passa a ser uma espécie de "filtro", por meio do qual a narrativa flui.

– Por que Gato-flor miava tanto assim?... Por que chorava como se fosse gente? Decerto, porque tinha fome.

Decerto, porque tinha frio.

Decerto, porque estava longe da mãe dele, a boa gata Mimosa.

Decerto, porque era muito pequenino, tão pequenino que cabia na palma da mão. (Lourenço Filho, 1943b, p.7)

– Então, a gente não pode ser pequenina?...

– Pode, disse a Mamãe, mas *gato não é gente. Não é gente, mas olha como gente.*

Não é gente, mas sofre como gente.

Tudo isso pensava a Dedé, daquele gato pequenino, tão pequenino que cabia na palma da mão. (ibidem, p.6, grifos meus)

– Por que Gato-flor miava tanto assim?...

Por que chorava *como se fosse gente?* (ibidem, p.7, grifos meus)

Dedé tinha notado que Rosa dizia sempre *tu*, e não *você*.

Que dizia, por exemplo, *abre tu aporta*, e não *abra você aporta*.

Que dizia também *Xamainho*, e não *tamaninho*; *vermelinho* e não *vermelhinho*...

Que dizia, muitas vezes, *assim que:*

160   ESTELA NATALINA MANTOVANI BERTOLETTI

– *Assim que* está bonito o dia...
– *Assim que* tu és uma guapa menina...
– *Assim que* sou Gauchita... (ibidem, p.5, grifos do autor)

Dedé já sabia que, no Ceará, *legume* quer dizer feijão, arroz, mandioca... Que *fruteiras brotam* quer dizer que os pés de fruta dão fruta... Também não estranhava que Maria do Céu dissesse *sei, não – estou, não – sou, não*... E um modo de dizer do Norte, muito gracioso. (Lourenço Filho, 1951a, p.9, grifos do autor)

Assim, o narrador não abre mão do seu ponto de vista e, como "todo-poderoso" e onisciente, conduz o desenrolar dos acontecimentos para firmar o exemplo. Em vários momentos ele dá prova disso, revelando aspectos que afirmam seu poder sobre a situação, narrando, explicitamente ou pela voz de algum personagem, o "bom" e o "belo", conforme o seu ponto de vista, e garantindo à narrativa o caráter de "verdade" e "realidade" para produção de um efeito sobre o leitor.

Explicitando sua opinião, ao final das narrativas, como indiretas "morais", o autor-narrador secundariza o eixo narrativo e demonstra, de forma marcante, a significação mais direta, ampla e perene que cada narrativa representa. Sua aparente objetividade é, na verdade, um modo de dissimular a subjetividade do autor-narrador adulto. A fala dos personagens, especialmente dos "contadores de histórias", não é outra coisa senão a "fala" do autor-narrador, assim como toda a organização da narrativa não é obra do narrador "autônomo", mas de um dissimulado autor.

Apesar de, na Série Histórias do Tio Damião, as histórias serem apresentadas de um ponto de vista adulto, as pequenas travessuras, tipos, usos e costumes regionais e aspectos do folclore brasileiro são vividas/apresentados por personagens que, ao menos virtualmente, partilham com seu leitor a mesma faixa etária, os mesmos valores, visões de mundo parecidas, ou seja, encontram-se em "pé de igualdade" com o leitor. O narrador encontra aí o limite de seu poder, pois, preso a uma faixa etária e buscando a empatia de seu leitor, vê-se obrigado a selecionar quantitativa e qualitativamente a informação, narrando parcialmente a história.

Linguagem

Além do aspecto gráfico, a linguagem utilizada na Série Histórias do Tio Damião apresenta-se como o aspecto mais renovador, em sua época.[11]

As narrativas buscam ser simples, adaptadas às idades a que se destinam, pois se utilizam de uma linguagem bastante simples, com vocabulário comum e estruturas sintáticas formadas por períodos curtos, de acordo com o ponto de vista de seu autor. Além disso, lançam mão de muitas repetições e de um "tom" de oralidade, coloquial para a época, que aproxima o narrador do leitor, exigindo maior participação deste último, mesmo que seja uma "participação conduzida".

De acordo com Lourenço Filho (1943c; 1959b), a linguagem tem uma dupla função: a de significar/informar e a de sugerir/criar, residindo nesta última a elaboração artística característica da literatura infantil. Para tentar cumprir essa função, a linguagem nas narrativas da Série centra-se no recurso de perguntas/respostas já mencionado, ou em que o narrador pergunta e responde, ou em diálogos travados entre os personagens, em que, ao mesmo tempo em que se dá voz ao personagem, o narrador "filtra" e conduz diretamente esses diálogos, para o efeito desejado no leitor.

Mesmo nos diálogos entre os personagens, portanto, a presença do narrador adulto é perceptível, uma vez que transfere para a fala dos personagens – mesmo os personagens crianças – uma posição adulta ante a realidade, a exemplo de Rosa e Maria do Céu.

Por sua vez, o sentido sugestivo e criador da linguagem da Série pode ser vislumbrado no aproveitamento das variações linguísticas regionais e no humor e suspense impresso na narração.

– Espere. Logo que os índios grandes entraram na mata, riram-se muito... A onça não andava por aqueles lados.

---

11 O aspecto criador da linguagem utilizada por Lourenço Filho em seus textos para crianças é apontado por Lajolo e Zilberman (1984) ao afirmarem que o escritor "imita" Monteiro Lobato e Graciliano Ramos nesse aspecto.

O que estava espantando a caça miúda era um macaco sabido, que aprendera a gritar quase como o miado da onça. (Lourenço Filho, 1944b, p.12)

Dedé estava se lembrando da história do indiozinho.
– Nadar no rio... trepar às árvores... caçar com arco e flecha... ouvir os passarinhos na mata... brincar com os macaquinhos...
Como seria bom, pensou ela, viver assim!
– Mas, isso, logo pensou também, se eu fosse um menino. Um menino, como o indiozinho Amberé.
Mas, sendo uma menina... Também seria assim com as meninazinhas índias? (Lourenço Filho, 1946a, p.3)

Dedé pensou um pouco, imaginando como seriam essas bonecas. Seriam bonitas?
seriam feias?...
Depois olhou para o tio Damião, e disse:
– Quando você chegou, titio, eu ia dizer que havia de gostar de ser uma indiazinha. Mas agora já não estou querendo, não...
– Preguiçosa! Só porque as indiazinhas trabalham muito?...
Dedé não respondeu. Mas seus olhinhos, muito vivos, e as covinhas do rosto, tão brejeiras, estavam dizendo que era por isso mesmo. (ibidem, p.16)

Dedé foi ao circo.
– Com quem ela foi?!
– Ora, naturalmente que foi com o Tio Damião. (Lourenço Filho, 1946b, p.3)

O mais difícil foi quando a moça se atirou de um trapézio para o outro, e foi dar nele, bem certinho.
Também, se não desse... Nem é bom falar. (ibidem, p.4)

Mas, depois, foi uma gargalhada também geral.
Todos, todos riam.
E querem saber por quê? (ibidem, p.16)

– Olá, Tóni! Você quer ganhar dez cruzeiros?...
– Decerto que quero...

LOURENÇO FILHO E LITERATURA INFANTIL E JUVENIL 163

– Então me responda: quando é que o cavalo fala?...
– Quando é que o cavalo fala?...
– Sim. Quando é que o cavalo fala?...
– Ah! o que você perguntou foi mesmo *quando é que o cavalo fala?*...
– Sim, homem! Quando é que o cavalo fala?...
– Ah! bem! Eu pensei que você queria saber quando é que o cavalo fala... (Lourenço Filho, 1946d, p.14)

Ela [Dedé] ficou tão contente que se aproximou do palhacinho e o beijou em ambas as faces.
[...]
Mas, depois, foi uma gargalhada também geral.
Todos, todos riam.
E querem saber por quê?
Porque a pintura da cara do palhacinho havia passado toda inteirinha para o rosto da menina... (Lourenço Filho, 1946b, p.16)

– Pois o meu Ceará é assim, terra de gente forte, alegre e boa! Do Ceará tem ido muita gente para povoar o extremo Norte, o Acre, o Amazonas, o Pará. Muitos cearenses têm vindo também para o Sul...
– Eu sei, Maria do Céu. O Tio Damião me disse que os cearenses são os *bandeirantes do Norte.*
– Decerto que são. Por isso, eu já disse a você que, em primeiro lugar eu sou *brasileira.* Depois, sou *nordestina.* Mas, no fundo do coração, eu sou mesmo... *cearense!*
E falando muito cantado, por brincadeira, Maria do Céu perguntou:
– *Não ouviu, não, bichinha?* (Lourenço Filho, 1951a, p.16, grifos do autor)

Desse modo, a linguagem utilizada na Série remete a dois aspectos principais: um, ligado a uma concepção estética consciente em que a linguagem constitui expressão de arte, "devendo obedecer a cânones de harmonia, de graça, de nitidez" (Lourenço Filho, 1943c, p.159), e outro ligado a uma concepção pedagógica de formação em que o "belo" sugerido pela linguagem deve se guiar prioritariamente pela utilidade que pode propiciar e pelo "bom" em que pode resultar.

164   ESTELA NATALINA MANTOVANI BERTOLETTI

Relações intertextuais

Totó inaugura, no âmbito da Série, um intercâmbio discursivo, dando ao seu protagonista o mesmo nome do cachorrinho de Dorothy, no livro *O mágico de Oz*, de Frank Baum, cuja primeira edição é de 1900. Embora neste último texto Totó não seja mais de que o companheiro da protagonista, atuando literalmente como um cachorrinho e ainda tenha características físicas diversas do Totó da Série – é preto, de pelo comprido e sedoso –, a utilização de seu nome no cachorrinho de Dedé parece sedimentar uma tradição de referência a cachorros em geral, como "Totós". A despeito disso, a referência ao Totó, de Baum, sedimentou-se como uma metonímia que se mantém até os dias atuais.

Em *Baianinha*, a referência ao carnaval, espetáculo popular, de caráter ritual que serve de pano de fundo para a travessura da menina, é uma referência direta à festa popular que teve seu crescimento acentuado, no Brasil, na década de 1930, revelando-se como citação, absorção e transformação daquele espetáculo, sem palco e sem separação entre atores e espectadores, num intertexto peculiar. A alusão indireta à figura da atriz e cantora Carmen Miranda remete à importância do cinema e ao crescimento e destaque dado às escolas de samba, naquele momento histórico.

> Dedé, então, começou a cantar:
> *Que é que a baiana tem?*
> *Que é que a baiana tem?*
> A orquestra tocou a música acompanhando. (Lourenço Filho, 1942b, p.12, grifos do autor)

> A titia voltou à sala, chamando ainda:
> – Dedé! Dedé! onde é que você está?
> Então, Dedé tirou a máscara e cantou, assim:
> *Você já foi à Baía?...*
> *Não!?... pois vá, titia!...* (ibidem, p.15, grifos do autor)

Ainda em relação à *Baianinha*, em 1945, foi produzido o filme *The three cabaleros*, de Walt Disney, cuja tradução do título é a frase pronunciada por Dedé: *Você já foi à Bahia?*. Tal frase foi utilizada por Leonardo Arroyo, em 1950, como título de um de seus livros de literatura infantil.

Papagaio Real é homônimo de *O Papagaio Real*, conto de encantamento da tradição oral, em que um papagaio, como o de Dedé, sofre uma transformação. No entanto, na narrativa da Série, a transformação é na própria ave, quando chamada de "Papagaio Real", enquanto, no conto da tradição oral, o papagaio se transforma em um belo e elegante rapaz. A transformação do papagaio de Dedé, embora ocorra no plano "real" – de papagaio mudo a papagaio que fala – e não no plano fantástico como a do papagaio do conto de encantamento, fica mais bem compreendida quando estabelecida a identidade com aquele conto, pois, numa leitura distanciada em que a história original não é conhecida, a transformação da ave da Série fica descontextualizada e pouco explicada. Dedé, ao referir-se ao papagaio como "Papagaio Real", nada mais faz do que aludir ao pequeno conto da tradição oral, esperando de seu papagaio a extraordinária transformação que em seu papagaio abstratamente ocorre.

A formiguinha é uma adaptação brasileira de *A formiga e a neve*, em que os episódios se sucedem consecutivamente encadeados. Esse texto é o exemplo típico dos chamados "contos acumulativos", buscados na tradição oral, de origem africana, segundo Nair Starling (apud Carvalho, 1985), mas atribuída por Carvalho (1985) a Buda, sendo "pouco provável uma lenda brasileira, de origem africana, ter, por cenário, a neve" (ibidem, p.39). Na adaptação brasileira, o autor recria o cenário, "abrasileirando-o", e, ao fazê-lo, toma uma licença poética, pois a lama – antes neve – derrete-se pela força do sol, como acontecera com a neve na versão original.[12]

Nestas duas últimas histórias comentadas, o folclore aparece revisitado, servindo de material para as recriações que mantêm diálogo com a tradição oral. O folclore, segundo Câmara Cascudo (1954), é fonte privilegiada para a literatura, revelando-se, portanto, como intertexto peculiar para a literatura infantil. Desse modo, além das histórias já citadas, as fontes folclóricas de que se vale a Série são o Saci-Pererê como

---

12 Transformação idêntica da neve em lama foi feita por Lourenço Filho na tradução de *O patinho feio*, de H. C. Andersen. A esse respeito, ver Menin (1999).

lenda em *Saci-Pererê*, e as canções, quadrinhas e desafios advindos da tradição oral, presentes em *A Gauchita* e *Maria do Céu*.

O Saci é uma das lendas folclóricas que alcançam maior interesse, e foi mais explorada na literatura brasileira, tendo sido desenvolvida nas regiões Sul e Sudeste brasileiras. A exemplo de outras lendas que se tornam mitos, o Saci, admitido numa concepção sociológica como reflexo de uma estrutura social, surge do relacionamento da mentalidade antiga com o pensamento moderno, ou seja, o mito é o irracional, o intuitivo, contraposto ao pensamento científico e racional. Desse modo, *Saci-Pererê*, de Lourenço Filho (1944a), mantém uma intertextualidade que contesta a imagem do saci de *Sacy-Pererê*: resultado de um inquérito, de Monteiro Lobato, no qual Lobato (1918) reafirma a imagem do Saci por meio de depoimentos de pessoas que atestam a sua existência.

A Gauchita e *Maria do Céu* apresentam-se mais com aspectos informativos do que ficcionais. Essa característica parece revelar a proximidade desses dois livros da Série ao famoso livro – leitura obrigatória à época – de Olavo Bilac e Manoel Bonfim, *Através do Brasil*, de 1910, ao qual, por sua vez, se remete diretamente à Série Viagem através do Brasil, organizada e revisada por Lourenço Filho, entre as décadas de 1940 e 1950. Essa proximidade se revela, também, por meio do destaque às riquezas naturais, às belas paisagens, à cultura, aos usos e costumes regionais associados à grandeza do povo de cada região do país expressa no amor à pátria, numa espécie de divulgação do Brasil aos brasileiros para exaltação e valorização do país.

Em relação ao "diálogo" entre as histórias dentro da Série, esse não é tão frequente como se poderia supor inicialmente. O trânsito de personagens de uma história a outra não garante a retomada de aspectos da história anterior na seguinte, exceto nos seguintes casos:

• em *A irmã do indiozinho*, Dedé faz alusão à história do livro anterior da Série, *O indiozinho*, embora tenham decorrido dois anos entre o lançamento de um e outro livro; e,

• em *A Gauchita*, Rosa refere-se a Dedé como "Baianinha", ignorando o intervalo de quatro anos entre a publicação de um livro e outro e a total ausência de referências a Dedé como "Baianinha" em histórias que a antecederam.

O escritor Lourenço Filho na produção de literatura infantil

Na produção da Série Histórias do Tio Damião, Lourenço Filho contribuiu para a constituição da literatura infantil de sua época ressaltando a importância do gênero graças aos cuidados dispensados por ele nessa produção quanto aos aspectos gráficos, editoriais e linguísticos.

Para isso, o escritor tornou-se *autor* de um projeto de livros originais, no sentido de adequar esses livros ao mercado de livros de literatura infantil, de propiciar sua circulação em uma Série e de adaptá-los à faixa etária do leitor, com relação aos interesses da criança, à linguagem utilizada e à forma de apresentação gráfica.

De acordo com seu ponto de vista, buscou conciliar o desejo do escritor de difusão de sua obra com o do editor de vender livros em larga escala (Lourenço Filho, 1961a) e buscou tematizar o cotidiano de uma criança (como seu leitor), que transita de um livro para outro, dentro de um projeto de educação, enfatizando a formação propiciada por seus livros.

Para isso, a Série Histórias do Tio Damião foi produzida e publicada sob os auspícios de uma grande editora à época na produção de literatura infantil, e as histórias circularam em forma de uma série de livros explicitando a estreita relação entre a literatura infantil de Lourenço Filho e o mercado editorial – vale ressaltar o papel desempenhado por Lourenço Filho na editora Melhoramentos – e a explícita intenção em estabelecer comunicação imediata com o leitor, bem como conquistar pais e professores, buscando-se facilitar a escolha, agrupando, sob a mesma rubrica, histórias diversas em seu conteúdo.

Desse modo, Lourenço Filho concretizava um modo de fazer o gênero, caracteristicamente ambíguo, pois, ao mesmo tempo em que se distinguia como inovador, apresentava-se ligado à tradição que se instalara no gênero. As concepções literárias e estéticas do escritor Lourenço Filho articulavam-se a concepções educacionais, editoriais e psicológicas, que funcionavam como "freio" às inovações. A ideia de fazer da leitura, especialmente da leitura de literatura infantil, elemento de formação estética e não de difusão de civismo e patriotismo, de linguagem modelar e de ensino como "fim primacial e direto", encontrava seus limites exatamente no modo como o escritor admitia o leitor da Série: um *destinatário* em formação "mental e emocional e cultural". A criança leitora, para o escritor Lourenço Filho em sua produção de literatura infantil, era considerada pela óptica da psicologia e da educação, o que acabava por limitar as opções literárias e estéticas dos livros da Série Histórias do Tio Damião.

4
A PRODUÇÃO DE LOURENÇO FILHO *SOBRE* E *DE* LITERATURA INFANTIL E JUVENIL: AS POSSÍVEIS RELAÇÕES ESTABELECIDAS

Aspectos da produção de Lourenço sobre literatura infantil e juvenil

Pioneirismo e influência

Na produção *sobre* literatura infantil e juvenil brasileira, "Como aperfeiçoar a literatura infantil", de Lourenço Filho (1943c), configura--se como pioneiro na tematização do gênero, uma vez que vem contribuir para a produção de estudos específicos *sobre* literatura infantil e juvenil, até então, de acordo com Mortatti (2000a), geralmente encontrados em formato de prefácios de livros e artigos em periódicos e versando sobre livros para crianças, especialmente para leitura escolar.[1]

O pioneirismo consiste, especialmente, no tratamento mais sistematizado dado à literatura infantil e juvenil, uma vez que Lourenço Filho esboça uma história, formula uma teoria e expõe princípios para uma crítica específica do gênero. Por meio desse tipo de tratamento,

---

1 Referências completas da produção sobre literatura infantil brasileira, desde 1879 – ano da primeira tematização localizada –, podem ser consultadas no acervo do Grupo de Pesquisa "História do Ensino de Língua e Literatura no Brasil" (GPHELLB), localizado na FFC-Unesp-Marília.

170 ESTELA NATALINA MANTOVANI BERTOLETTI

Lourenço Filho (1943c, p.169) organiza dados e os problematiza, a fim de apresentar um balanço da produção *de* literatura infantil e juvenil, determinar e realçar a especificidade do gênero, contribuir para o "aperfeiçoamento" da produção e "oferecer sugestões para seu mais demorado estudo".

Como se pode constatar, até a década de 1970, os estudos *sobre* literatura infantil e juvenil apresentam essas mesmas preocupações e, por vezes, reiteram muitos dos dados organizados por Lourenço Filho no texto "Como aperfeiçoar a literatura infantil", especialmente os dados históricos. Lourenço Filho, no entanto, ao longo de sua produção *sobre* literatura infantil e juvenil, aproveita, de modo mais resumido, do esboço histórico traçado por ele, no texto de 1943, e relega a um segundo plano a crítica à produção *de* literatura infantil e juvenil. Os conceitos teóricos, por sua vez, permanecem os mesmos ao longo de sua produção *sobre* literatura infantil e juvenil, nos quase trinta anos em que foi publicada.

Influências recebidas

A produção de Lourenço Filho *sobre* literatura infantil e juvenil é resultado de inúmeras atuações desse intelectual, nem sempre diretamente relacionadas ao gênero, mas a ele correlatas.

A crítica literária exercida pelo "moço", em 1915 e 1916, despertou o olhar de Lourenço Filho – que também produzia artigos literários – para o processo de criação literária, oportunizando ao escritor a formulação de uma concepção de literatura, depois sistematizada e também concretizada em sua produção *sobre* e *de* literatura infantil e juvenil, mediante influências, dentre outras, da leitura de Euclides da Cunha e Fialho de Almeida.

A opção pelo magistério, propiciada por sua formação, no entanto, apontou novas possibilidades a Lourenço Filho, que se empenhou no movimento da Escola Nova brasileira, visando à reforma da educação escolar – superando as formas tradicionais de ensino – como forma de operar mudanças essenciais na sociedade, então em processo de "modernização". A função de consultor editorial e de revisor, orientador, organizador e prefaciador, junto à Companhia Melhoramentos de São Paulo, de inúmeros livros de cunho escolanovista e de literatura infantil e juvenil, ao que tudo indica, delimitou essas possibilidades, no sentido de lhe permitir utilizar-se do "impresso como arma" (Carvalho, 2002) e de pensar mais pontualmente a educação renovada por meio da disseminação da leitura como instrumento de alcance da cultura e de combate ao analfabetismo, para formação do cidadão, das elites dirigentes e de mão de obra especializada. Os estudos em psicologia e o conhecimento da criança, propiciado por essa "ciência fonte da educação", apontou, a meu ver, para a questão da literatura infantil e juvenil.

As concepções ambíguas

A incipiente produção *de* literatura infantil e juvenil – com crescente aumento quantitativo, mas não qualitativo – e a escassa produção *sobre* o gênero, à época da produção de Lourenço Filho *sobre* literatura infantil e juvenil, foram duas grandes motivações para sua tematização pioneira; não foram, entretanto, as motivações primeiras.

A correlação entre o pensamento do escritor e o do educador e o do psicólogo na formação e atuação de Lourenço Filho e, ainda, a importância que aspectos da educação escolar renovada tiveram em sua vida e obra permitem a constatação do modo ambíguo, mas não incoerente, que Lourenço Filho empregou na tematização da literatura infantil e juvenil. Concepções estéticas e literárias combinaram-se a concepções educacionais, psicológicas e editoriais, uma vez que a literatura infantil tematizada por esse intelectual faz parte de um projeto maior de educação.

Partindo do pressuposto de que a criança tem necessidade inerente de "formação", no que diz respeito a seu "mundo interior", e de que a leitura exerce uma "ação cultural", influenciando a formação de valores "lógicos, sociais e morais", a literatura infantil e juvenil, para Lourenço Filho, é instrumento de ação "educativa". Essa ação, de acordo com o autor, é uma questão de "brasilianismo", ou seja, de progresso social.

A "formação" propiciada pela leitura de literatura infantil e juvenil ao seu destinatário se fazia necessária porque, segundo Lourenço Filho, a criança tem a "personalidade nascente" e é na infância que se

172   ESTELA NATALINA MANTOVANI BERTOLETTI

prepara o "homem futuro" e o consumidor das "boas letras". Desse modo, a literatura infantil tanto "equilibra" quanto desequilibra a personalidade da criança, que mais alcança o equilíbrio quanto mais elevado for o "nível artístico" da literatura infantil.

Desse modo, o *belo* está a serviço do *bem*. Em outras palavras, a qualidade literária do gênero correspondia à qualidade educativa propiciada, estando a estética a serviço de razões externas a ela, para agir sobre a criança leitora. O "nível artístico" encontra seu eixo no destinatário, mais como um "discurso utilitário" (Perroti, 1986).

Esse parece ser o papel a ser desempenhado pela literatura infantil e juvenil tematizada por Lourenço Filho. Embora a "função capital" da literatura infantil seja a de sugerir o *belo,* esse deve girar em torno dos "recursos da mentalidade da criança".

O pensamento da criança é diferente, por sua estrutura e funcionamento, do pensamento do adulto. O caráter dominante, que parece condicionar todos os outros, é o egocentrismo – ou seja a capacidade de relacionamento com os quadros da lógica coerente. A criança "ouve" o seu pensamento, sofre-lhe a ação mágica sem o contraste do pensamento socializado dos adultos. Serve de início apenas à satisfação de interesses imediatos, não à pesquisa da verdade. Ou, como diz um dos mais autorizados psicólogos da infância – Jean Piaget – "tem uma função o jogo, o prazer da atividade pela atividade, revestindo-se de uma forma de imaginação quasi alucinatória, na qual os desejos apenas esboçados, são já sentidos quasi como realizados". O pensamento infantil, nos primeiros anos, é assim, como o do primitivo, impermeável à experiência. Daí, as explicações artificialistas, animistas, e daí, também, o sincretismo e a justaposição das representações. É nesse mundo de sonho, de ilusão e de evasão, comum a todas as crianças, que se encontra, porém, a fonte da poesia da alma infantil. No seu poder de fabulação é que reside, propriamente, o segredo da arte de fazer viver a criança na literatura. (Lourenço Filho, 1948b, p.106-7)

Como se pode perceber, a criança é vista pela óptica da psicologia, e Lourenço Filho não apenas "ensina" como essas crianças "devem ser", nem apenas aponta o que o adulto deve saber sobre elas, mas também contempla a criança e sua interioridade.

LOURENÇO FILHO E LITERATURA INFANTIL E JUVENIL 173

Por meio dessa óptica e compreendendo uma "estética evolutiva" na criança, com níveis de desenvolvimento e diferenciado de acordo com as "várias idades", o autor revela cuidados com o que possa servir de motivo para interesses "normais e sadios", reprovando situações de medo ou terror nos livros de literatura infantil e juvenil.[2]

Como se pode perceber, em relação ao que foi exposto até aqui, literatura infantil e juvenil, segundo Lourenço Filho, são os livros escritos para crianças e jovens que têm como função primacial servir para "deleite do espírito" e "evasão", e, por isso, são fontes de "sugestão" e de "recreação". Sugestão e recreação remetem àquele "modo ambíguo" utilizado por Lourenço Filho: o "fim prático" e "criador positivo" da "arte". A ambiguidade, assim, está diretamente relacionada com a intersecção de concepções educacionais e psicológicas que norteavam a produção de Lourenço Filho *sobre* literatura infantil e juvenil, articuladas a concepções estéticas e literárias.

Em vista disso, as concepções estéticas e literárias de composição e organização das narrativas do gênero também se encontram em razão da "adequação educativa", proposta por Lourenço Filho. Harmonia, graça, sugestão e naturalidade são algumas das características do livro de literatura infantil e juvenil, conseguidas, de acordo com Lourenço Filho, por meio da adequação dos livros aos "interesses naturais" (temas e apresentação dos temas), à linguagem, à estrutura própria das "várias idades"; da utilização de poucos personagens, diálogos, notas descritivas, pequenas digressões, ação direta, narrativas movimentadas, surpresa, humor; da capacidade de "ligar" o real ao imaginário; da conciliação aos interesses das editoras. As concepções estéticas e literárias do autor se apresentam combinadas em diferentes critérios, ora formais, ora conteudísticos, ora editoriais, talvez dada a incipiente teorização da época.

---

2 Estudando a importância dos contos de fadas para o desenvolvimento da personalidade infantil, Bruno Bettelheim (1980, p.18) tenta mostrar o contrário disso. Para esse autor, histórias desse tipo "representam sob forma imaginativa aquilo em que consiste o processo sadio de desenvolvimento humano [...]".

Permanência

As poucas mudanças ocorridas nos conceitos teóricos ao longo da produção de Lourenço Filho *sobre* literatura infantil e juvenil encontram-se relacionadas à sua ligação a um projeto de educação, mantido e sustentado nessa produção, especialmente pelos princípios que respondiam às urgências educacionais e culturais das décadas de 1920 e 1930.

A partir da década de 1940, esses princípios tornam-se hegemônicos e Lourenço Filho reafirma seu papel, pois tanto sua atuação quanto sua produção escrita crescem e se acentuam a partir de então, contemplando aspectos da educação escolar até então esquecidos ou relegados a um segundo plano, como a leitura e a literatura infantil. Para citar alguns exemplos da produção escrita de Lourenço Filho que buscam afirmar e firmar os princípios das décadas de 1920 e 1930, posso destacar o papel de síntese e de sistematização de informações desempenhado por *Introdução ao estudo da Escola Nova* (Lourenço Filho, 1978); de sistematização teórico-prática, baseado na psicologia e em relação à alfabetização, desempenhado por *Testes ABC* (Lourenço Filho, 1934); de sistematização pioneira em relação à literatura infantil, desempenhado por "Como aperfeiçoar a literatura infantil" (Lourenço Filho, 1943c); de concretização da leitura escolar desempenhado por *Cartilha do povo* (Lourenço Filho, 1928) e pela Série de Leitura Graduada Pedrinho (1953-1957); e de concretização da literatura infantil desempenhado por Histórias do Tio Damião (1942-1951).

Nesses exemplos, conforme afirmei no início deste tópico, as primeiras ideias sobre educação sistematizadas pelo educador em seus primeiros escritos foram constantemente retomadas por ele e, em geral, permaneceram sendo reiteradas na produção que se seguiu, mantendo uma coerência com os primeiros textos produzidos.

Ao manter os princípios que serviram às aspirações das décadas de 1920 e 1930 em toda sua obra e no caso específico de sua produção *sobre* literatura infantil e juvenil, Lourenço Filho advogou ideais "modernos" em sua época e contribuiu para a permanência desses ideais ao longo do tempo, muitos dos quais, certamente, por serem "impermeáveis" ao tempo, tornaram-se "tradicionais" aos olhos do presente.

Ainda quanto à permanência desses pensamento e práticas, é no período denominado Estado Novo que Lourenço Filho se mantém atuante, mantendo vivos seus ideais iniciais. Assim, ao contrário das análises de alguns autores que acusam Lourenço Filho de "acomodado à ditadura", penso como Antonio Candido (1989) que o serviço público não significou nem significa, necessariamente, identificação com ideologias e interesses dominantes, pois, no caso de Lourenço Filho, a ocupação de cargos estratégicos naquele período significou uma luta pela permanência dos ideais então "modernos".

A esse propósito, na produção *sobre* literatura infantil e juvenil, Lourenço Filho buscou preencher a falta de estudos e pesquisas *sobre* o gênero, baseando-se nos estudos que desenvolvera até então em relação à educação e à psicologia, e também em sua experiência literária e editorial.

A influência alcançada por essa produção extrapolou sua época, o que mais uma vez pode ser explicado pela atuação estratégica de Lourenço Filho e também pela ausência de uma história, teoria e crítica específicas de literatura infantil, além do caráter pioneiro, fecundo e original dessa produção.

Aspectos da produção de Lourenço Filho de literatura infantil

Diálogo

A Série Histórias do Tio Damião, de Lourenço Filho, participa das renovações de sua época na produção *de* literatura infantil, não no que diz respeito aos "fermentos renovadores" da então atuante geração modernista, mas, especialmente, no diálogo que mantém com essa produção quanto às condições de emergência dos textos do gênero – produção, difusão, circulação –, às condições de aprendizagem da leitura, às instâncias legitimadoras – escola e mercado – e a imagem da criança leitora e da leitura. Assim, essa Série corresponde à progressiva emancipação das condições de produção *de* literatura infantil de sua

176 ESTELA NATALINA MANTOVANI BERTOLETTI

época, relacionadas sobretudo às mudanças operadas na sociedade e não às mudanças havidas na arte nacional.

O aumento populacional, a consolidação de grupos urbanos, em decorrência do avanço industrial, e o aumento da escolarização desses grupos consistem nas principais mudanças sociais relacionadas à ampliação das condições de produção *de* literatura infantil a que Histórias do Tio Damião corresponde, sendo a quantificação e qualificação do público leitor o maior vínculo da literatura infantil às urgências educacionais e culturais da época, fomentando o mercado editorial de livros para crianças, didáticos e de literatura infantil.

Assim, os limites escolares foram os espaços de diálogo da produção *de* literatura infantil, e a ampliação do mercado de livros para crianças foi o resultado desse diálogo a partir da década de 1930, do qual a Série Histórias do Tio Damião participou.

De acordo com Lajolo e Zilberman (1991), a ampliação desse mercado com a criação e publicação de histórias originais fortaleceu alguns projetos de literatura infantil com as seguintes características:

• predomínio do campo ou do espaço rural como cenário para o desenvolvimento do ação – meio agrário, pequenas propriedades ou ambientes mais primitivos como a vida selvagem e animal;

• fixação de um elenco de personagens, especialmente crianças, que transitam de um livro a outro. Esses personagens raramente vivem alguma transformação interna. "É preciso conservá-las idênticas, para que possam se transferir de um enredo a outro sem amadurecerem física ou psicologicamente, nem deixarem de ser reconhecidas com facilidade pelo leitor" (Lajolo; Zilberman, 1991, p.81-2);

• utilização de um acervo já consolidado como fonte de criação literária, seja o de adaptação de clássicos, seja o da utilização de material folclórico, seja o de aproveitamento da história do Brasil;

• a linguagem foi criadora, rompendo laços de dependência à norma escrita e ao padrão culto, "procurando incorporar a oralidade sem infantilidade, tanto na fala das personagens, como no discurso do narrador" (Lajolo; Zilberman, 1991, p.83). Ainda de acordo com as autoras, Lourenço Filho "imita" Monteiro Lobato quanto à segunda e última característica do período, arroladas por elas. A meu

LOURENÇO FILHO E LITERATURA INFANTIL E JUVENIL 177

ver, essas características – com exceção da primeira – orientam a produção da Série Histórias do Tio Damião, aproximando-a da produção do período e fazendo-a "funcionar" como literatura infantil.

Importância

O crescimento quantitativo da produção *de* literatura infantil, a partir da década de 1940, demonstrava que o mercado era favorável aos livros que, como "instrumento de cultura" promoviam reformas na educação necessárias para reforma social. A Série Histórias do Tio Damião participa desse mercado favorável, não somente investindo no aumento do número de tiragens e edições, mas também pelas inovações gráficas, contribuindo para a continuidade do "mercado favorável" e permanecendo publicada por 16 anos.

Dentre as estratégias editorias que podem justificar essa permanência estão, sobretudo: a "etiqueta Lourenço Filho",[3] a especialização da editora, a circulação desses livros em uma "série".

A "etiqueta Lourenço Filho" era dispositivo de legitimação do empreendimento editorial e, por isso, garantia de permanência para a Série Histórias do Tio Damião. Em relação à importância da Companhia Melhoramentos de São Paulo, essa empenhou-se pioneira e sistematicamente na empresa renovadora da educação escolar, mudando o perfil dos livros *de* e *para* educação.

As séries pressupunham: um mesmo projeto gráfico para todos os livros, o trânsito de personagens de uma história a outra, a destinação a uma faixa etária específica, no que diz respeito ao tema e sua apresentação, à linguagem, à extensão dos livros e aos interesses da idade do leitor. Eram "preferidas" pelos editores e garantia de efetivação da "intenção natural" da editora: vender, o que é conseguido com Histórias do Tio Damião que, além do longo período de circulação, se caracteriza, também por uma boa média de reedições e de número de tiragens, dando mostra da importância da literatura infantil de Lourenço Filho.

---

3 Expressão tomada de Carvalho; Toledo (2004).

Influências recebidas

A organização da Biblioteca Infantil, a partir de 1926, e a função de consultor editorial na Companhia Melhoramentos de São Paulo são as atividades exercidas por Lourenço Filho que parecem ter tido papel fundamental na configuração da Série Histórias do Tio Damião. O contato com o acervo de histórias tradicionais, orientadas e revisadas por Arnaldo de Oliveira Barreto, e com os originais, traduções e adaptações, que aspiravam à publicação, além de seu trabalho de correção do "fundo" e "forma" desses trabalhos, levaram o autor a produzir seus próprios livros de literatura infantil, como exemplo a ser seguido.

Para a produção da Série, Lourenço Filho valeu-se de estudos em educação e em psicologia, – como ele afirma –, estando a Série a serviço de um projeto de educação e a criança vista pela óptica da psicologia. Essa afirmação é possível, uma vez que a Série é produzida, em sua organização, do mesmo modo que o autor pensa uma "boa série de leitura", ou seja, como uma série escolar.

Segundo Lourenço Filho (1957b, p.15):

> Uma boa série de leitura deverá proporcionar inicialmente conhecimentos em relação à *vida do lar,* que se estenderá depois a assuntos que as crianças possam observar na *vizinhança* ou na *comunidade próxima;* ainda depois, as ampliará quanto à região e ao *conjunto do país;* e, enfim, em relação a outras terras e países ou a todo *mundo da cultura.* Em tudo isso, os livros devem dar às crianças uma crescente compreensão das *relações humanas,* de modo a bem dispô-las a atitudes e propósitos na vida do lar, da escola, da comunidade em geral. Deverá, enfim, concorrer para o alargamento dos interesses, com a ampliação de propósitos e projetos de vida, isto é, tornando-se realmente educativa. (grifos do autor)

Assim, embora a Série Histórias do Tio Damião seja literatura infantil por seu "funcionamento", e, de acordo com a intenção de seu autor, que produziu uma série de leitura escolar separada daquela Série, sua organização revela sua estreita relação com a educação, o que a aproxima da obra de Lourenço Filho em favor da reforma da educação escolar.

LOURENÇO FILHO E LITERATURA INFANTIL E JUVENIL 179

Permanência

Na produção de Histórias do Tio Damião, Lourenço Filho advogou ideais "modernos" em relação às urgências educacionais e culturais de sua época; no entanto, "tradicionais" aos olhos do presente, uma vez que pressupunham ideias a respeito da importância da educação para civilização, para ingresso na "modernidade", com culto da Razão; ideias ufanistas e "neutras" da pátria; ideias de unificação cultural do que era regional e fragmentado, reconhecendo o Brasil como um conjunto diversificado, mas solidário; uso da figura de Deus, como "estado de espírito" e dimensão estética; apreensão de regiões como o Nordeste brasileiro; a tematização da infância e do índio; a utilização do folclore.

Essas ideias e orientações não deixavam de responder a alguns temas e problemas colocados pelo movimento literário modernista. Todavia, salientam-se diferenças em relação às intenções com que são utilizadas: a perspectiva adotada na Série relaciona essas ideias e orientações ao momento anterior de produção da literatura infantil brasileira, na época de seu "aparecimento"; Histórias do Tio Damião articula-se aos princípios que respondiam a urgências educacionais e culturais das décadas de 1920 e 1930.

Assim, se, por um lado, a Série mantém-se coerente com a produção de sua época, de outro, vincula-se a uma tradição herdada e aproxima-se exatamente da produção de que seu autor dizia discordar: a de textos moralizantes e insossos.

Embora, muitas vezes, essa Série se apresente como uma espécie de réplica ao que se propunha e se fazia em relação à produção de literatura infantil anterior a ela – a questão do medo, comum à literatura infantil; a ausência de destinação específica à criança, por "faixa de idades", por exemplo –, manteve-se distante das aspirações e renovações da literatura (para adultos) de sua época, distanciando-se do "compromisso" firmado por Lourenço Filho de pensar e fazer literatura infantil como arte e não como pedagogia.

Sua permanência, no entanto, assegura-se na medida em que elementos consolidados pela relações estabelecidas entre a Série Histórias do Tio Damião e livros de autores como Tales de Andrade e Olavo Bilac e Manoel Bonfim vêm a se integrar ao espírito de época, sobretudo nas décadas de 1930 e 1940, quando a ampliação da escola primária aumenta o número de leitores, e o regime autoritário e centralizador explora o veio patriótico e nacionalista.

Produto de um processo de modernização da sociedade, a permanência da Série Histórias do Tio Damião decorre do fato de que suas histórias aproximam a criança leitora das peculiaridades de sua época e retratam os cuidados dispensados para essa literatura infantil, contribuindo para a *maioridade* do gênero.

O possível diálogo entre as produções

Embora a relação entre a produção de Lourenço Filho *sobre* e *de* literatura infantil não se caracterize, à primeira vista, como um diálogo entre concretização e tematização, não se pode afirmar a existência de grandes diferenças entre elas.

Por ser resultado de um projeto de educação, a produção de Lourenço Filho *sobre* e *de* literatura infantil busca responder a urgências educacionais e culturais, seja para suprir faltas e necessidades – de tematização da literatura infantil num primeiro plano, de produção original brasileira, com realidade brasileira, para crianças brasileiras, apostando nas renovações gráficas –, seja para agir como réplica ao que se propunha e se fazia na literatura infantil da época, por isso de distancia dos aspectos sociopolíticos do período histórico de circulação da produção, as décadas de 1940 a 1960. Lourenço Filho não tematiza a guerra ou o período ditatorial, por exemplo, apostando que a criança é "pura" e não precisa dessa "época de horror", produzindo uma literatura infantil aparentemente "neutra", o que não significa que esse intelectual não concretiza o que tematiza.

A proximidade entre a produção de Lourenço Filho *sobre* e *de* literatura infantil pode ser sintetizada nas seguintes características:

- na Série Histórias do Tio Damião não há lugar para situações que causem medo ou horror na criança, assim como tematizava seu autor nos textos *sobre* literatura infantil e juvenil;

LOURENÇO FILHO E LITERATURA INFANTIL E JUVENIL   181

• o medo é substituído pela surpresa e pela curiosidade que desperta no leitor, ou seja, pela "plástica" que propunha Lourenço Filho;
• a "plástica" reside na habilidade do artista em produzir "histórias", em apelar para a estética;
• a estética tematizada e concretizada por Lourenço Filho diz respeito às opções constitutivas dos livros do gênero: forma, tema, aspecto gráfico de acordo com a idade da criança;
• a Série Histórias do Tio Damião composta para crianças entre seis e oito anos representa a modalidade de "narrativas singelas", apoiadas na ilustração "elucidativa", com temas do folclore, da vida cotidiana e dos animais, permeada por um sentido poético, como tematizava seu autor;
• embora se proponha um sentido poético, o "real" é o meio e o fim da literatura infantil de Lourenço Filho, para a criança "elevar-se" ao pensamento socializado;
• tanto na Série quanto nos textos *sobre* literatura infantil e juvenil, a criança é o centro, aquela que determina a produção dos livros do gênero; e,
• as concepções editoriais tematizadas, como a circulação em uma Série adaptada às idades da criança, estão concretizadas nas Histórias do Tio Damião.

Como se pode perceber, muitas são as características que aproximam e possibilitam o diálogo da produção de Lourenço Filho *sobre* e *de* literatura infantil e juvenil. Essa proximidade se dá em virtude do princípio básico do pensamento de Lourenço Filho: a literatura infantil serve para *formar* a criança, no sentido de amadurecimento interno do leitor como ser em formação e que orienta as opções constitutivas dos livros do gênero. Essa "formação", no entanto, corresponde ao seu projeto de educação, que implica formação de valores "lógicos, sociais e morais", para progresso social.

Em Histórias do Tio Damião os aspectos mais "práticos" e "diretivos" desse projeto são concretizados e a formação pretendida se aproxima da transmissão de normas, sob a óptica temática, realçando a égide familiar, o bom comportamento, o ensino, a racionalidade, o trabalho, a pátria. Em vista disso, à primeira vista, a produção de Lourenço Filho *de* literatura infantil se distancia de sua produção *sobre* o gênero, pois, embora as tematizações de Lourenço Filho condenem nos livros de literatura infantil a existência de moralidade expressa e orientem para a função primacial da literatura infantil de levar emoção estética e não ter a preocupação direta de ensinar, essa Série se aproxima mais de um projeto de promoção de valores, almejando, em primeiro plano, o ensino.

Apesar dessa ressalva, volto a insistir no possível diálogo entre a produção *sobre* e produção *de* literatura infantil e juvenil, desse autor, pois a insistência de Lourenço Filho na "utilidade" do *belo,* relativa à tentativa de colocar o agradável a serviço da educação, corresponde à maneira como a "formação" se configura na Série Histórias do Tio Damião. Embora a crítica literária atual pareça não aceitar que a literatura seja considerada, prioritariamente, pelo princípio da utilidade, que desequilibraria sua constituição artística, reside aí a influência de Lourenço Filho na produção *sobre* e *de* literatura infantil a partir de sua produção. Por tematizar pioneiramente e concretizar competitivamente o gênero, Lourenço Filho, perspicazmente "fundou" uma tradição.

O "silêncio" imposto à produção de Lourenço Filho *sobre* e *de* literatura infantil – e a tantos outros escritores das décadas de 1940 a 1960 –, no presente, é a negação da compreensão dessa tradição característica de uma determinada época e que serve de referência a seus pósteros, exercendo influências na produção *sobre* e *de* literatura infantil e juvenil até os dias atuais, dada a força e importância.

CONSIDERAÇÕES FINAIS

Neste livro, buscando contribuir para a produção de uma história, teoria e crítica específicas da literatura infantil e juvenil brasileira, procurei compreender a produção de Lourenço Filho *sobre* e *de* literatura infantil e juvenil, mediante análise dessa produção, bem como de suas possíveis relações e do lugar ocupado por seu autor no âmbito da literatura infantil e juvenil em sua época e em relação a seus pósteros. Após essa análise, é possível depreender a importância e relevância das tematizações e concretizações de Lourenço Filho, haja vista, pelo menos, três características essenciais que marcam sua produção *sobre* e *de* literatura infantil e juvenil: seu pioneirismo, sua influência e sua permanência no tempo.

O pioneirismo diz respeito ao papel de vanguarda exercido por Lourenço Filho na história, teoria e crítica da literatura infantil, caracterizado especialmente em sua produção *sobre* o gênero. A influência diz respeito à estratégica circulação e repercussão de sua produção e ao homem público Lourenço Filho que exerce cargos também estratégicos. A permanência diz respeito à manutenção dos mesmos conceitos teóricos ao longo da produção de Lourenço Filho *sobre* literatura infantil e juvenil, à longevidade da trajetória editorial da Série Histórias do Tio Damião e à presença ao longo do tempo histórico das tematizações e concretizações da produção de Lourenço Filho *sobre* e *de* literatura infantil e juvenil, na produção *sobre* e *do* gênero até os dias atuais.

184 ESTELA NATALINA MANTOVANI BERTOLETTI

Essas três características permitem a inferência de que em sua produção *sobre* e *de* literatura infantil e juvenil, Lourenço Filho (1943c) "funda" uma tradição: sintonizado com as urgências de sua época em relação à educação e cultura, o escritor tematiza e concretiza a literatura infantil e juvenil como um gênero destinado a leitores em fase de escolarização e que serve como motivo de reflexão, formação sentimental, estímulo à ordem social e moral, dentro de um projeto de educação.

Essa tradição não somente pode ser verificada nas tematizações e concretizações do gênero, como também na utilização e abordagem de textos *de* literatura infantil e juvenil, até os dias atuais.

Talvez essa "fundação de tradição" possa ser explicada pelo fato de essa produção atribuir *maioridade* e destinatário predeterminado ao gênero, chamando a atenção para a importância da literatura infantil e juvenil e delegando responsabilidades aos "entendidos" – editores, escritores, ilustradores, professores – aos pais e aos próprios leitores, a fim de garantir manutenção ao gênero. Em vista disso, a literatura infantil e juvenil se *firma* e se *afirma* e as tematizações e concretizações de Lourenço Filho servem de orientação e de exemplo a partir de então.

* * *

A abordagem histórica demanda opções. Procedimentos de localização, recuperação, reunião, seleção e ordenação pressupõem escolhas. Minhas opções levaram à compreensão da produção de Lourenço Filho *sobre* e *de* literatura infantil, conforme foi materializada discursivamente neste livro. Ao chegar ao final, no entanto, me pergunto se minhas opções foram as melhores dentro do conjunto de possibilidades e, ainda, se chegaria a outras interpretações, caso tivessem sido outras as escolhas.

De acordo com Mortatti (1999, p.73): "todo ato interpretativo, enquanto atividade discursiva, é construção de uma representação, a partir da problematização de outras representações construídas e tomadas como fontes documentais".

Espero ter construído adequadamente essa representação e ter contribuído, de fato, para a compreensão da produção de Lourenço

Filho *sobre* e *de* literatura infantil e juvenil, e, desse modo, contribuído para a produção de uma história, teoria e crítica específicas do gênero, no Brasil.

De qualquer modo, se este texto for criticado, adotado, continuado, aprofundado ou levar a novas pesquisas, significa que minhas opções foram válidas, mesmo que não tenham sido as "verdadeiras". O tempo dirá!

REFERÊNCIAS BIBLIOGRÁFICAS

Obras de Lourenço Filho

LOURENÇO FILHO, M. B. *O Pião*. Porto Ferreira: s. n., 1905.

_____. *Joaseiro do Pe. Cícero*. São Paulo: Melhoramentos, 1926. 301p., il.

_____. Um inquérito sobre o que os moços lêem. *Educação*, São Paulo, v.l, n.l, p.30-9, out. 1927.

_____. *Cartilha do povo* – para ensinar a ler rapidamente. São Paulo: Melhoramentos, 1928. 47p., il.

_____. *Carta de Lourenço Filho a Anísio Teixeira*. São Paulo, 1 nov. 1929. 2f.

_____. *Introdução ao estudo da Escola Nova*. São Paulo: Melhoramentos, 1930.

_____. *Testes ABC – para verificação da maturidade necessária ao aprendizado da leitura e da escrita*. São Paulo: Melhoramentos, 1934.

_____. Hoje fala Lourenço Filho. *Formação*, Rio de Janeiro, ano III, n.19, p.3-18, fev. 1940a.

_____. *Educação e cultura*. Rio de Janeiro: Ministério das Relações Exteriores, 1940b.

_____. *Tendências da Educação Brasileira*. São Paulo: Melhoramentos, 1940c.

_____. *Aprenda por si!*: exercícios de aritmética, Série A, preliminar. São Paulo: Melhoramentos, 1941.

_____. *Totó*. São Paulo: Melhoramentos, 1942a. 16p., il. (Série Histórias do Tio Damião, n.1).

_____. *Baianinha*. São Paulo: Melhoramentos, 1942b. 16p., il. (Série Histórias do Tio Damião, n.2).

188   ESTELA NATALINA MANTOVANI BERTOLETTI

————. *Aprenda por si!*: exercícios de aritmética, Série B, exercícios e problemas com números inteiros. São Paulo: Melhoramentos, 1942c.

————. *Papagaio Real.* São Paulo: Melhoramentos, 1943a. 16p., il. (Série Histórias do Tio Damião, n.3).

————. *Tão pequenino...* São Paulo: Melhoramentos, 1943b. 16p., il. (Série Histórias do Tio Damião, n.4).

————. Como aperfeiçoar a literatura infantil. *Revista Brasileira,* Rio de Janeiro, v.3, n.7, p.146-69, 1943c.

————. *Saci-Pererê.* São Paulo: Melhoramentos, 1944a. 16p., il. (Série Histórias do Tio Damião, n.5).

————. *O indiozinho.* São Paulo: Melhoramentos, 1944b. 16p., il. (Série Histórias do Tio Damião, n.6).

————. O ensino e a biblioteca. *Revista Brasileira de Estudos Pedagógicos,* Rio de Janeiro, v.6, n.l6, p.5-24, out. 1945.

————. *A irmã do indiozinho.* São Paulo: Melhoramentos, 1946a. 16p., il. (Série Histórias do Tio Damião, n.7).

————. *A Gauchita.* São Paulo: Melhoramentos, 1946b. 16p., il. (Série Histórias do Tio Damião, n.8).

————. *A formiguinha.* São Paulo: Melhoramentos, 1946c. 16p., il. (Série Histórias do Tio Damião, n.9).

————. *No circo.* São Paulo: Melhoramentos, 1946d. 16p., il. (Série Histórias do Tio Damião, n.10).

————. O valor das bibliotecas infantis. *EBSA,* São Paulo, v.1, n.12, p.66-8, out. 1948a. Palestra por ocasião da exposição do livro infantil.

————. A criança na literatura brasileira. *Revista da Academia Paulista de Letras,* São Paulo, v.ll, n.44, p.85-117, dez. 1948b.

————. *Maria do Céu.* São Paulo: Melhoramentos, 1951a. 16p., il. (Série Histórias do Tio Damião, n.11).

————. *E eu, também...* São Paulo: Melhoramentos, 1951b. 16p., il. (Série Histórias do Tio Damião, n.12).

————. *São Paulo.* São Paulo: Melhoramentos, 1954a. v.9, 207p., il. (Série Viagens através do Brasil).

————. *A pedagogia de Rui Barbosa.* São Paulo: Melhoramentos, 1954b.

————. Literatura infantil e juvenil. In: CRUZ, J. M. da. *História da literatura.* São Paulo: Melhoramentos, 1957a. p.577-84.

————. A resposta de Lourenço Filho, 1926. In: AZEVEDO, F. de. *A educação na encruzilhada.* 2.ed. São Paulo: Melhoramentos, 1957b. (Obras completas, v.VI).

_____. *Upa, cavalinho!* Ilustrações de Oswaldo Storni. São Paulo: Melhoramentos, 1957c. 61p., il. (Série de Leitura Graduada Pedrinho).

_____. *Guia do Mestre para o ensino da leitura.* 2.ed. São Paulo: Melhoramentos, 1957d. 2v.

_____. *Parecer a João Pracinha.* Rio de Janeiro, 28 dez. 1959a. 2f.

_____. Inquérito sobre livros para crianças. *Leitores e Livros.* Rio de Janeiro, v.9, n.35, p.172-9, jan./mar. 1959b.

_____. La literatura en el Brasil. *La Educacción,* Washington, DC, v.4, n.14, p.25-9, abr./jun. 1959c.

_____. *Parecer a Simplicidade.* Rio de Janeiro, 31 jan. 1960.

_____. *Parecer a Dona História da Silva.* Rio de Janeiro, 10 maio 1961a.

_____. *Parecer a Clarão da Serra.* Rio de Janeiro, 16 out. 1961b.

_____. Um romance paulista: "Clarão da Serra". *O Estado de S. Paulo,* São Paulo, p.3-4, 19 maio 1962a.

_____. Prefácio. In: NERY, L. M. *Nuvens choronas.* S. l.: s. n., 1962b.

_____. *Parecer a Sempre alerta, Rondon.* 5 dez. 1962c.

_____. Literatura infantil. *Revista do Ensino,* Porto Alegre, v.11, n.85, p.16-8, jul. 1962d.

_____. *Parecer a Grotão do café amarelo.* Rio de Janeiro, 25 ago. 1963 e 23 set. 1963a.

_____. *Parecer.* Rio de Janeiro, 25 ago. 1963 e 23 set. 1963b. 3 f. (datilografado).

_____. *Parecer a Cinguri, o indiozinho.* Rio de Janeiro, 1º jun. 1964a.

_____. Linguagem num romance paulista. *Veritas,* Porto Alegre, v. 9, n.1, p.75-82, mar.1964b.

_____. Redução das taxas de analfabetismo no Brasil entre 1900 e 1960. *Revista Brasileira de Estudos Pedagógicos,* Rio de Janeiro, v.44, n.100, p.250-72, out./dez. 1965.

_____. Oração do acadêmico Lourenço Filho. In: ACADEMIA PAULISTA DE LETRAS, cadeira n.33. *Recepção do acadêmico Francisco Marins.* São Paulo: Academia Paulista de Letras, 1966a. p.15-31.

_____. Como tornar cada criança e cada adolescente um bom consumidor de leitura. *Educação,* Rio de Janeiro, n.87, p.7-13, set. 1966b.

_____. Um livro básico sobre literatura infantil. In: ARROYO, L. *Literatura Infantil Brasileira* – ensaio de preliminares para sua história e suas fontes. São Paulo: Melhoramentos, 1968. p.11-16.

_____. *Introdução ao estudo da Escola Nova.* São Paulo: Melhoramentos, 1978.

_____. *Joaseiro do Pe. Cícero.* 4.ed. aum. Brasília: Inep/MEC, 2002. (Coleção Lourenço Filho, 5).

190 ESTELA NATALINA MANTOVANI BERTOLETTI

———. *Parecer a Os fósforos mágicos*. Rio de Janeiro, s. d.(a).

———. Apresentação. In: PAULI, H. *A história da árvore de Natal*. Trad. Aida de Carvalho Bergström. São Paulo: Melhoramentos, s. d.(b)

———. *Lúcia Benedetti e o teatro infantil*. s. l.: s. d.(c) 3f.

———. *Literatura infantil e linguagem*. s. l.: s. d.(d) 2f.

Obras gerais

ABRAMO, M. O livro no Brasil: alguns dados sobre sua história e evolução. *Revista de Cultura*, Petrópolis, v.65, n.13, abr. 1971.

ABU-MERHY, N. F. Lourenço Filho, administrador escolar. In.: MONAR-CHA, C. *Centenário de Lourenço Filho:* 1897-1970. Londrina: Universidade Estadual de Londrina; Marília: Universidade Estadual Paulista; Rio de Janeiro: Associação Brasileira de Educação, 1997. p.91-122.

AGUIAR E SILVA, V. M. *Teoria da literatura*. 8.ed. Coimbra: Almedina. 1992.

ARIÈS, P. *História social da criança e da família*. Rio de Janeiro: Zahar, 1978.

ARROYO, L. *Literatura infantil brasileira*. Ensaio de preliminares para sua história e suas fontes. São Paulo: Melhoramentos, 1968.

ASSOCIAÇÃO BRASILEIRA DE IMPRENSA. *Ofício*. Rio de Janeiro, DF, 1 jun. 1936.

ASSOCIAÇÃO BRASILEIRA DE EDUCAÇÃO (ABE). *Um educador brasileiro*: Lourenço Filho. São Paulo: Melhoramentos, 1959. Livro Jubilar.

AUERBACH, E. *Mimeses* – a representação da realidade na literatura ocidental. 4.ed. São Paulo: Perspectiva, 2001.

AZEVEDO, F. de. *A educação na encruzilhada*. São Paulo: Melhoramentos, 1937.

———. A literatura infantil numa perspectiva sociológica. *Sociologia* (Escola de Sociologia e Política), São Paulo, v.XIV, n.1, p.43-63, mar. 1952.

———. *A cultura brasileira*. 4.ed. Brasília: Editora Universidade de Brasília, 1963.

BAKHTIN, M. *Questões de literatura e de estética* (A Teoria do Romance). 4.ed. São Paulo: Editora Unesp, 1998.

BERTOLETTI, E. N. M. *A produção de Lourenço Filho sobre e de literatura infantil e juvenil (1942-1968)* – fundação de uma tradição. 2006. 275f. Tese (Doutorado em Educação) – Faculdade de Filosofia e Ciências. Universidade Estadual Paulista. Marília, 2006.

———. *Lourenço Filho e a alfabetização* – um estudo de Cartilha do povo e da cartilha *Upa, cavalinho!* São Paulo: Editora Unesp, 2006.

LOURENÇO FILHO E LITERATURA INFANTIL E JUVENIL   191

BETTELHEIM, B. *A psicanálise dos contos de fada*. Trad. Arlene Caetano. São Paulo: Paz e Terra, 1980.

BLOCH, M. *Introdução à História*. 4.ed. Sintra: Europa América, s. d.

BOTTO, C. Nova história e velhos dilemas. *Revista USP*, São Paulo, n.23, p.23-33, set./nov. 1994.

_____. Educar para a leitura e educar pela leitura: manuscritos, impressos e telas... *Todas as Letras*, São Paulo, v.2, p.1-13, 2000.

BRASIL. Ministério da Educação e Saúde. Comissão Nacional de Literatura Infantil. *Boletim da Comissão de Literatura Infantil*. Rio de Janeiro, 1936a, 1 p. Manuscrito.

_____. Ministério de Educação e Saúde. Comissão Nacional de Literatura Infantil. *20 livros que poderão ser tradusidos ou adaptados para crianças entre 8 e 14 anos*. Rio de Janeiro, DF, 28 maio 1936b, 2 p. Datilografado.

_____. Ministério de Educação e Saúde. Comissão Nacional de Literatura Infantil. *Concurso de livros* - 2ª categoria (8 a 10 anos). Rio de Janeiro, DF, 1937a.

_____. Ministério de Educação e Saúde. Comissão Nacional de Literatura Infantil. *Concurso de livros*- 3ª categoria (mais de 10 anos). Rio de Janeiro, DF, 1937b.

_____. Ministério da Educação e Saúde. Comissão Nacional de Literatura Infantil. *Organização das bibliotecas infantis*. Rio de Janeiro, DF, 14 setembro 1937c. Datilografado.

CADEMARTORI, L. *O que é literatura infantil*. São Paulo: Brasiliense, 1986. (Col. Primeiros Passos, v.163)

CAMARGO, L. *Ilustração do livro infantil*. Belo Horizonte: Editora Lê, 1995.

CANDIDO, A. *Literatura e sociedade*. Estudos de teoria e história literária. 3.ed. rev. São Paulo: Companhia Editora Nacional, 1967.

_____. A literatura e a formação do homem. *Ciência e Cultura*, v.24, n.9, p.803-39, set. 1972.

_____. A revolução de 30 e a cultura. In: _____. *A educação pela noite & outros ensaios*. São Paulo: Ática, 1989. p.181-8.

_____. *O discurso e a cidade*. 2.ed. São Paulo: Duas Cidades, 1998.

CARNEIRO, L. O problema do livro nacional. *Estudos Brasileiros*, Rio de Janeiro, v.1, n.1, p.83-93. jul./ago. 1938.

CARONE, E. *O Estado Novo* (1937-1945). Rio de Janeiro: Difel, 1977. (Corpo e Alma do Brasil).

CARVALHO, B. V. *A literatura infantil* – visão histórica e crítica. 4.ed. São Paulo: Global, 1985. (Crítica e Teoria Literária).

192   ESTELA NATALINA MANTOVANI BERTOLETTI

CARVALHO, M. C. de. Sampaio Dória. In.: FÁVERO, M. de L. de A.; BRIT-TO, J. de M. (Org.). *Dicionário de educadores no Brasil:* da Colônia aos dias atuais. Rio de Janeiro: Editora UFRJ; MEC/Inep/Comped, 1999.

CARVALHO, M. M. C. de. Saber histórico, saber escolar: perspectiva de pesquisa no campo da História da Educação. *Estudos e Documentos.* A Pesquisa em educação e o intercâmbio cultural, São Paulo, v.30, 1991.

_____. Pedagogia da Escola Nova, produção da natureza infantil e controle doutrinário da escola. In: FREITAS, M. C. de; KUHLMANN JUNIOR, M. (Org.) *Os intelectuais na história da infância.* São Paulo: Cortez, 2002. p.373-408.

_____. *A Escola e a República e outros ensaios.* Bragança Paulista: Edusf, 2003.

CARVALHO, M. M. C. de; TOLEDO, M. R. de A. Reforma escolar, pedagogia da escola nova e usos do impresso. *Contemporaneidade e Educação,* Rio de Janeiro, v.7, p.71-92, 2000.

_____. A Coleção como estratégia editorial de difusão de modelos pedagógicos: o caso da Biblioteca de Educação organizada por Lourenço Filho. In: III CONGRESSO BRASILEIRO DE HISTÓRIA DA EDUCAÇÃO. Curitiba. *Anais...* Curitiba, 2004.

CASCUDO, L. da C. *Dicionário do folclore brasileiro.* Rio de Janeiro: INL, 1954.

CECCANTINI, J. L. C. T. *Uma estética de formação:* vinte anos de literatura juvenil brasileira premiada (1978-1997). 2000. 2v., 680p. Tese (Doutorado em Letras – área de Literaturas de Língua Portuguesa) – Faculdade de Ciências e Letras, Universidade Estadual Paulista "Júlio de Mesquita Filho". Assis, 2000.

_____. Perspectivas de pesquisa em literatura infanto-juvenil. In: ___. (Org.) *Leitura e literatura infanto-juvenil.* Memória de Gramado. São Paulo: Cultura Acadêmica; Assis: Anep, 2004.

CELSO, M. E. Palavras de quem tem uma creança. *Correio da Manhã,* Rio de Janeiro, 10 maio 1936.

CHARTIER, R. *A história cultural* – entre práticas e representações. Trad. Maria Manuela Galhardo. Rio de Janeiro: Difel, 1990. (Memória e Sociedade)

COELHO, N. N. *A literatura infantil.* História – Teoria – Análise. São Paulo: Quíron; Brasília, INL, 1981.

_____. *Dicionário crítico da literatura infantil e juvenil brasileira:* séculos XIX e XX. São Paulo: Edusp, 1984.

CONFEDERAÇÃO BRASILEIRA DE RÁDIO DIFUSÃO. *Ofício.* Rio de Janeiro, DF, 19 ago. 1936.

COUTINHO, A. *Notas de teoria literária.* 2.ed. Rio de Janeiro: Civilização Brasileira, 1978.

LOURENÇO FILHO E LITERATURA INFANTIL E JUVENIL 193

CRUZ, J. M. da. *História da literatura*. São Paulo: Melhoramentos, 1957.

DONATO, H. *Cem anos de Melhoramentos*: 1890-1990. São Paulo: Melhoramentos, 1990.

EAGLETON, T. *Teoria da literatura*: uma introdução. Trad. Waltensir Dutra. São Paulo: Martins Fontes, 1997.

EDITORIAL PAULISTA. *Biblioteca Escolar Recreativa*. São Paulo, s.d., datilografado.

FRACAROLLI, L. *Bibliografia brasileira de literatura infantil em língua portuguesa*. 2.ed. São Paulo: Editora Jornal dos Livros, 1955.

FUNDAÇÃO CARLOS CHAGAS. *Análise dos temas e modelos culturais veiculados por livros infanto-juvenis brasileiros*. São Paulo: FCC, 1979. 9v.

FUNDAÇÃO NACIONAL DO LIVRO INFANTIL E JUVENIL. *Retrospectiva histórica da literatura infantil e juvenil brasileira*: de Lobato a Bojunga – pesquisa. Rio de Janeiro: PUC, 1992. 47p.

GANDINI, R. *Intelectuais, Estado e Educação:* Revista Brasileira de Estudos Pedagógicos, 1944-1952. Campinas: Editora Unicamp, 1995.

_____. Almeida Junior. In.: FÁVERO, M. de L. de A.; BRITTO, J. de M. (Org.). *Dicionário de educadores no Brasil:* da Colônia aos dias atuais. Rio de Janeiro: Editora UFRJ; MEC/Inep/Comped, 1999.

GÓES, L. P. *Introdução à literatura infantil*. São Paulo: Pioneira, 1984.

HALLEWELL, L. *O livro no Brasil:* sua história. Trad. M. da P. Villalobos e L. L. de Oliveira. São Paulo: Universidade de São Paulo, 1985.

HELD, J. *O imaginário do poder:* as crianças e a literatura fantástica. São Paulo: Summus, 1980.

IANNI, O. *O colapso do populismo no Brasil*. 2.ed. Rio de Janeiro: Civilização Brasileira, 1971.

INSTITUTO NACIONAL DE CINEMA EDUCATIVO. *Ofício*. Rio de Janeiro, DF, 16 nov. 1936.

KHEDE, S. S. (Org.) *Literatura infanto-juvenil* – um gênero polêmico. Petrópolis: Vozes, 1983.

LAJOLO, M. *Usos e abusos da literatura na escola*. Bilac e a literatura escolar na República Velha. Rio de Janeiro: Globo, 1982.

LAJOLO, M.; ZILBERMAN, R. *Literatura infantil brasileira*: história & histórias. São Paulo: Ática, 1984.

_____. *Literatura infantil brasileira:* história & histórias. 5.ed. São Paulo: Ática, 1991.

LEITORES E LIVROS. Inquérito sobre livros para crianças. Entrevista com M. B. Lourenço Filho. Rio de Janeiro, v.9, n.35, p.172-9, jan./mar. 1959.

194 ESTELA NATALINA MANTOVANI BERTOLETTI

LIMA, Y. S. de. *A ilustração na produção literária*. São Paulo – década de vinte. São Paulo: Instituto de Estudos Brasileiros, USP, 1985.

LOBATO, M. *Sacy-Pererê*: resultado de um inquérito. São Paulo: Companhia Editora Nacional, 1918.

LOPES, E. M. T. et al. (Org.) *500 anos de educação no Brasil*. Belo Horizonte: Autêntica, 2000.

LOURENÇO, L. Artigos em jornais. In.: MONARCHA, C.; LOURENÇO FILHO, R. (Orgs.). *Por Lourenço Filho* : uma biobibliografia. Brasília: Inep/ MEC, 2001. p.121-34

LOURENÇO FILHO, R. Lourenço Filho, escritor. In: MONARCHA, C. (Org.) *Centenário de Lourenço Filho*: 1897-1970. Londrina: Universidade Estadual de Londrina; Marília: Universidade Estadual Paulista "Júlio de Mesquita Filho"; Rio de Janeiro: Associação Brasileira de Educação, 1997. p.17-45.

_____. (Org.). *Por Lourenço Filho* : uma biobibliografia. Brasília: Inep/MEC, 2001, p.21-58.

LOURENÇO FILHO, R.; LOURENÇO FILHO, M. Notícia bibliográfica de Lourenço Filho. In: ASSOCIAÇÃO BRASILEIRA DE EDUCAÇÃO (ABE). *Um educador brasileiro*: Lourenço Filho. São Paulo: Melhoramentos, 1959. *Livro Jubilar,* p.190-203.

MAGNANI, M. do R. M. *Leitura, literatura e escola* – sobre a formação do gosto. São Paulo: Martins Fontes, 1989. 121p.

_____. Leitura e cultura: considerações sobre a produção didática de Lourenço Filho. In: MONARCHA, C. (Org.) *Centenário de Lourenço Filho:* 1897-1970. Londrina: Universidade Estadual de Londrina; Marília: Universidade Estadual Paulista "Júlio de Mesquita Filho"; Rio de Janeiro: Associação Brasileira de Educação, 1997. p.145-57.

_____. *Testes ABC* e a fundação de uma tradição: alfabetização sob medida. In: MONARCHA, C. (Org.). *Lourenço Filho*: outros aspectos, mesma obra. Campinas: Mercado de Letras; Marília: Editora Unesp, 1997b, p.59-90.

_____. Entre a literatura e o ensino: um balanço das tematizações brasileiras (e assissenses) sobre literatura infantil e juvenil. *Miscelânea*, Assis, v.3, p.247-57, 1998.

_____. *Escola Normal da Praça:* o lado noturno das luzes. Campinas: Editora da Unicamp, 1999.

MARINS, F. Lourenço Filho e a arte de ensinar. *O Estado*, São Paulo, 3 out. 1987.

_____. Literatura infantil e Lourenço Filho. In: MONARCHA, C. (Org.) *Centenário de Lourenço Filho*: 1897-1970. Londrina: Universidade Estadual de Londrina; Marília: Universidade Estadual Paulista "Júlio de Mesquita Filho"; Rio de Janeiro: Associação Brasileira de Educação, 1997. p.77-89.

LOURENÇO FILHO E LITERATURA INFANTIL E JUVENIL 195

MEIRELES, C. *Problemas da literatura infantil*. Rio de Janeiro: Nova Fronteira, 1951.

MELHORAMENTOS. *3ª capa. Histórias do Tio Damião*. Rio de Janeiro: Melhoramentos, 1958.

MELO, L. C. *Dicionário de autores paulistas*. São Paulo: Saraiva, 1969.

MENDES, M. *Literatura infantil e ideologia*. Rio de Janeiro, DF, 1936a. 4f.

_____. *Comentário aos squemas de uma ficha-padrão*. Rio de Janeiro, DF, 1936b. 5f.

MENECOZI, A. R. Tendências ideológicas da Geografia e sua influência nos livros didáticos. In: ___. *Ciência geográfica e produção do espaço*. Campo Grande: Ed. da Uniderp, 2000.

MENEZES, R. *Dicionário literário brasileiro*. Rio de Janeiro: Livros Técnicos e Científicos, 1978.

MENIN, A. M. da C. S. *O patinho feio de H. C. Andersen*: o "abrasileiramento" de um conto para crianças. 1999. 280f. Tese (Doutorado em Letras) – Faculdade de Ciências e Letras. Universidade Estadual Paulista "Júlio de Mesquita Filho". Assis, 1999.

MONARCHA, C. (Org.) *Lourenço Filho*: outros aspectos, mesma obra. Campinas: Mercado de Letras; Unesp, 1997a.

_____. *Centenário de Lourenço Filho*: 1897-1970. Londrina: Universidade Estadual de Londrina; Marília: Universidade Estadual Paulista "Júlio de Mesquita Filho"; Rio de Janeiro: Associação Brasileira de Educação, 1997b.

_____. Lourenço Filho e a Bibliotheca de Educação (1927-1941). In.: _____. (Org). *Lourenço Filho*: outros aspectos, mesma obra. Campinas: Mercado de Letras; Unesp, 1997c.

_____. *Escola Normal da Praça*: o lado noturno das luzes. Campinas: Ed. da Unicamp, 1999.

_____. *O sertão cearense segundo Lourenço Filho*. 2001. 163f. Tese (Livre-Docência em História da Educação Brasileira) – Faculdade de Filosofia e Ciências, Universidade Estadual Paulista "Júlio de Mesquita Filho". Marília, 2001.

MONARCHA, C.; LOURENÇO FILHO, R. (Org.) *Por Lourenço Filho*: uma biobibliografía. Brasília: Inep/MEC, 2001. (Col. Lourenço Filho).

MORTATTI, M. do R. L. Notas sobre linguagem, texto e pesquisa histórica em educação. *História da Educação*, Pelotas, n.6, p.69-77, out. 1999.

_____. *Os sentidos da alfabetização* (São Paulo/1876-1994). São Paulo: Editora Unesp: Conped, 2000a.

_____. Leitura crítica da literatura infantil. *Leitura: Teoria & Prática*, Porto Alegre, n.36, p.11-17, dez. 2000b.

196 ESTELA NATALINA MANTOVANI BERTOLETTI

_____. *Leitura, literatura e escola* – sobre a formação do gosto. 2.ed. São Paulo: Martins Fontes, 2000c.

_____. Produção didática e de literatura infantil. In: MONARCHA, C.; LOURENÇO FILHO, R. (Org.) *Por Lourenço Filho*: uma biobibliografia. Brasília: Inep/MEC, 2001. p.127-34. (Col. Lourenço Filho).

NAGLE, J. *Educação e sociedade na primeira república*. São Paulo: EPU; Rio de Janeiro: Fundação Nacional de Material Escolar, 1974.

PENNA, A. G. Acerca dos psicólogos-educadores na cidade do Rio de Janeiro: Manoel Bonfim, Maurício de Campos Medeiros, Plínio Olinto e Lourenço Filho. *Forum Educacional*, n.13, v.3, p.7-34, jun.-ago. 1989.

PEREGRINO JÚNIOR. Lourenço Filho, escritor. In: ASSOCIAÇÃO BRASILEIRA DE EDUCAÇÃO (ABE). *Um educador brasileiro*: Lourenço Filho. São Paulo: Melhoramentos, 1959. 231p. *Livro Jubilar*, p.182-3.

PERROTTI, E. *O texto sedutor na literatura infantil*. São Paulo: Ícone, 1986.

PFROMM NETO, S. et al. *O livro na educação*. Rio de Janeiro: Primor/INL/MEC, 1974.

PLOEGER, A. K. *Discurso*. São Paulo: Melhoramentos, 1987.

REBELO, M.; SANTA ROSA. *Ofício*. Rio de Janeiro, DF, 19 maio 1937.

REIS, C.; LOPES, A. C. M. *Dicionário de narratologia*. Coimbra: Almedina, 1994.

REVISTA BRASILEIRA DE ESTUDOS PEDAGÓGICOS. Livros para crianças – M. B. Lourenço Filho. Rio de Janeiro, v.33, n.77, p.215-21, jan./mar. 1960.

RIBEIRO, M. L. S. *História da Educação Brasileira* – a organização escolar. 17.ed. rev. ampl. Campinas: Autores Associados, 2001. (Col. Memória da Educação).

ROMANELLI, O. de O. *História da Educação no Brasil*. 28.ed. Petrópolis: Vozes, 2003.

ROSEMBERG, F. Análise de conteúdo em literatura infantil: reflexões sobre a escolha de amostra. *Boletim Informativo da Fundação Nacional do Livro Infantil*, Rio de Janeiro, v.8, n.35, p.l6-20, jun./set. 1976.

_____. A mulher na literatura infantil: revisão e perspectivas. *Boletim Informativo da Fundação Nacional do Livro Infantil*, Rio de Janeiro, v.7, n.32, p.5-9, out./dez. 1975.

SALEM, N. *História da Literatura infantil*. 2.ed. ampl. reform. São Paulo: Mestre Jou, 1970.

SANDRONI, L. C. Retrospectiva da literatura infantil brasileira. *Cadernos da PUC/RJ*, n.33, 1980.

_____. *De Lobato a Bojunga*: as reinações reinventadas. São Paulo: Ática, 1987.

SÃO PAULO. Quarta capa. In: LOURENÇO FILHO, M. B. *São Paulo*. São Paulo: Melhoramentos, 1954. v.9, 207p., il. (Série Viagem através do Brasil, v.9).

LOURENÇO FILHO E LITERATURA INFANTIL E JUVENIL 197

SERRA, E. D'A. (Org.). *30 anos de literatura para crianças e jovens* – algumas leituras. Campinas: Mercado de Letras; Associação de Leitura do Brasil, 1997.

SILVA, E. N. da. *Literatura infantil* – sua delimitação. Rio de Janeiro, DF, 7 maio 1936a.

_____. *O nacionalismo e a literatura infantil*. Rio de Janeiro, DF, 5 ago. 1936b.

_____. *Tipos de literatura infantil*. Rio de Janeiro, DF, 7 maio 1936c, 2 p. Manuscrito.

SOARES, G. P. *A semear horizontes*: leituras literárias na formação da infância, Argentina e Brasil (1915-1954). 2002. 339f. Tese (Doutorado em História) – Faculdade de Filosofia, Letras e Ciências Humanas. Universidade de São Paulo. São Paulo, 2002.

SOSA, J. *A literatura infantil* (Ensaio sobre a Ética, a Estética e a Psicopedagogia da literatura infantil). Trad. James Amado. São Paulo: Edusp; Cultrix, 1978.

SOUZA, C. C. *A literatura infantil e juvenil de Francisco Marins*: uma representação de certa realidade brasileira. 2002. 369f. Tese (Doutorado em Educação) – Faculdade de Filosofia e Ciências, Universidade Estadual Paulista "Júlio de Mesquita Filho". Marília, 2002.

SOUZA, R. F. *Templos de civilização*: um estudo sobre a Implantação dos Grupos Escolares no Estado de São Paulo (1890-1910). 1996. 307f. Tese (Doutorado) – Faculdade de Educação, Universidade de São Paulo. São Paulo, 1996.

TEIXEIRA DE FREITAS. *Ofício*. Rio de Janeiro, DF, 23 jun. 1938.

VASCONCELOS, M. S. *A difusão das idéias de Piaget no Brasil*. São Paulo: Casa do Psicólogo, 1996. (Col. Psicologia e Educação).

VICENTINI, P. P.; LUGLI, R. S. G. Sud Menucci. In.: FÁVERO, M. de L. de A.; BRITTO, J. de M. (Org.). *Dicionário de educadores no Brasil*: da Colônia aos dias atuais. Rio de Janeiro: Editora UFRJ; MEC/Inep/Comped, 1999.

VIDAL, D. G. Escola Nova e processo educativo. In: LOPES, E. M. T. et al. (Org.) *500 anos de educação no Brasil*. Belo Horizonte: Autêntica, 2000.

_____. *O exercício disciplinado do olhar*: livros, leituras e práticas de formação docente. Bragança Paulista: Edusf, 2001.

VIDAL, D. G.; SOUZA, M. C. (Coord.) *A memória e a sombra*. A escola brasileira entre o Império e a República. Belo Horizonte: Autêntica, 1999.

VIEIRA, M. P. A. et al. *A pesquisa em história*. 2.ed. São Paulo: Ática, 1991. (Princípios).

WERNECK, R. I. A importância da imagem nos livros. In: SANDRONI, L. C.; MACHADO, L. R. (Org.) *A criança e o livro*: guia prático de estímulo à leitura. 3.ed. São Paulo: Ática, 1991. p.38-45.

YUNES, E. Brasil: um balanço crítico. *Casas de las Américas*, v.30, n.175, p.82-6, 1989.

198   ESTELA NATALINA MANTOVANI BERTOLETTI

ZILBERMAN, R. *A literatura infantil na escola*. São Paulo: Global, 1981a.

_____. Literatura infantil e ensino. *Educação & Sociedade*, Campinas, v.3, n.8, p.H5-40, jan. 1981b.

_____. (Org.) *Leitura em crise na escola*: as alternativas do professor. Porto Alegre: Mercado Aberto, 1982. p.51-62.

_____. Literatura infantil para crianças que aprendem a ler. *Cadernos de Pesquisa*, São Paulo, v.52, p.79-83, fev. 1985.

_____. *Estética da recepção e história da literatura*. São Paulo: Ática, 1989.

_____. *A literatura infantil na escola*. 11.ed. rev., atual. e ampl. São Paulo: Global, 2003.

ZILBERMAN, R.; LAJOLO, M. *Um Brasil para crianças*: para conhecer a literatura infantil brasileira: história, autores e textos. São Paulo: Global, 1986.

ZILBERMAN, R.; MAGALHÃES, L. C. *Literatura infantil*: autoritarismo e emancipação. São Paulo: Ática, 1982. (Ensaios 82).

SOBRE O LIVRO

Formato: 14 x 21 cm
Mancha: 23,7 x 42,5 paicas
Tipologia: Horley Old Style 10,5/14
Papel: Offset 75 g/m² (miolo)
Cartão Supremo 250 g/m² (capa)
1ª edição: 2012

EQUIPE DE REALIZAÇÃO

Coordenação Geral
Marcos Keith Takahashi

Impressão e Acabamento:

psi 7

Printing Solutions & Internet 7 S.A